目次

／「自分で弾きながら踊れるのか」についても、何気なくチェックしている／「こんなにお客さんが来ないのに、どうして毎回、一万円ぐらい払ってライブをしているんだろう……」／音楽でメシを食うなら、これが、おれにとってはたぶん最後のチャンスだろうな／自分のアイデアにテクニックが追いついていなくて「弾けない」コンプレックスがあったんです／「正式なメンバーになります」と尾崎が言ってくれたところは、やっぱりうれしかったですね／親がおれたちのライブを楽しみに来てくれているのは、素直にうれしいです／バンドを回していく歯車が、一回、狂い始めてしまったというか……／尾崎にも、拓さんにも、調子が悪くなる前よりも圧倒的に「強さ」を感じる／四人ともが進歩してきたなかで、バンド全体としては、いまの四人になって十年が経って「自由度がより広がってきている」というところが大きいですね／最近では、「生活のリズムを整えること」を大事にしています／このバンドが好きなところは「正直に活動している姿勢」

「いいところ」と「悪いところ」のズレが、我慢ならない時もあります／むしろ、女性の目線がわからないからこそ、「遠慮なく歌詞にした」／外の世界での挑戦は最終的に「バンドにつながること」が大事／バンドって絶滅危惧種なんだと思います／どんどんノルマが増えていって……／小さい頃からずっと、ものをつくるという入り口にすら辿り着けなかった／つくった音楽を焼きつけておきたい／生まれてはじめて、明確に「自分の作品」ができた、と思えたんです／メンバーたちによって、「思い通りにならない」けれど、メンバーたちがいなければ、「バンドにさえならない」／一回だけのライブであっても、その高揚感があまりにも本物だったから／「これで売れる」とも思ったのですが、たいして状況は変わらなかったですね／「ゼロが一になった」というのは……「これだ」という直感だけなんです／的外れな評論にさらされるようなことも、個人的にはうれしかった

まえがき

　このバンドを小さな会社だと思っている。従業員四名、お釣りのない布陣を敷いた、小さな社会だ。これまで何度もメンバーが脱退して、その都度会社を潰し、社会を壊してきた。そして、今のメンバーを見つけてから十年が経とうとしている。それぞれが辞めようと思うことは何度もあったけれど、その度に、それと同じくらい辞めたくないメンバーがバンド内にいた。ここまでバンドが続いたのは、そんなズレがあったからこそだと思う。もしも一丸となっていたら、こんな今はないだろう。バンドというのはズレていればズレているだけ良い。そして、クリープハイプというバンドはしっかりズレている。初めて四人で演奏を合わせたあの日から今日まで、一日も休まずにちゃんとズレている。演奏においても、それぞれの音を鳴らすタイミングがぴったり重なれば良いというものではない。それぞれの楽器の微かなズレが生まれた時にこそ、音は増幅される。完璧に合わさった音は、意外に細くまとまってしまい、どこか頼りない。やみくもに足並みを揃えれば良いという訳でなく、いかにズレていられるか。そういった点が、バンドをやっていくうえでの醍醐味だと思う。

このバンドに関して言えば、自分は想像を担当しているつもりだ。実体のないものをかき集めては、ギター、ベース、ドラム、三人の前へ差し出す。○を一にする為の作業だ。それから三人が請け負うのが製造で、一からそれ以上にする為の作業だ。この、想像と製造のバランスを見つけるのに、十年近くかかった。バンド内の人間関係を構築するうえで、ただ何でもざっくばらんに話せばいいという訳ではない。メンバーには、まだ色んなことを言っていない。それは逆もしかりで、自分自身、この本で初めて知ったメンバーの考えにとても驚かされた。同時に、その考えに納得もした。そんなこと言わなくてもいい、言ったって仕方がない。他人と他人はどこまで行っても他人でしかない。絶対にわかり合えないからこそその、安心感と信頼感がある。ただ、そこで十年が効いてくる。赤の他人。その赤も、時間が経つにつれ変色してくる。家族とは違った、家族以上の他人になる。他人どうしでしか成し得ない仕事を通しての、感情の置き場がある。それぞれが持つ能力に対しての尊敬、そのうえでの甘えや怒り。十年という時間を過ごして、赤は何色になったのか。そのことが伝われば嬉しく思う。

尾崎世界観

バンド

今から少し話をしよう　言葉はいつも頼りないけど
それでも少し話をしよう　歌にして逃げてしまう前に
バンドなんかやめてしまえよ
伝えたいなんて買い被るなよ
誰かに頭を下げてまで　自分の価値を上げるなよ

だけど愛してたのは自分自身だけで馬鹿だな
だから愛されなくても当たり前だな糞だな

今までバンドをやってきて　思い出に残る出来事は
腐る程された質問に　今更正直に答える
二〇〇九年十一月十六日　アンコールでの長い拍手
思えばあれから今に至るまで
ずっと聞こえているような気がする

だけど愛してたのは自分自身だけで馬鹿だな
だから愛されなくても当たり前だな糞だな

ギターもベースもドラムも全部
うるさいから消してくれないか
今はひとりで歌いたいから
少し静かにしてくれないか

こんな事を言える幸せ
消せるということはあるということ
そしてまた鳴るということ
いつでもすぐにバンドになる

だから愛しているよ都合のいい言葉だけど
結局これも全部歌にして誤魔化すんだけど

だけど愛してたのは自分自身だけで馬鹿だな
だから愛されなくても当たり前だな糞だな

そうだなそうだなそうだなそうだよな
嘘だな嘘だな嘘だよな
疑いは晴れずでも歌は枯れず
付かず離れずでこれからも

そうだなそうだなそうだなそうだよな
嘘だな嘘だな嘘だよな
疑いは晴れずでも歌は枯れず
付かず離れずでこれからも

作詞、作曲・尾崎世界観／クリープハイプ『世界観』より

第一章

小泉拓

「尾崎くんの書いた『バンド』って曲には、
まずなにより、おれ自身が救われました。
自分たちの音楽でもあるんですけれども」

こいずみ・たく

ドラム。一九七九年、東京都生まれ。

「クリープハイプ」の正式なメンバーとして加入したのは、二〇〇九年の十一月十六日から。

インタビューを収録したのは、二〇一九年の三月十九日だった。

「バンド」って、良い曲です。

しかも、たぶん、このバンドでしか演奏できない曲ですよね

昨日のNHKホールでのライブは、アルバム『泣きたくなるほど嬉しい日々に』(二〇一八年)リリースにともなうツアーの、追加公演の初日でした。

その前の週にも、リハーサルでもあるけど、野球好きの尾崎(世界観)くん(ボーカル・ギター)らしく「オープン戦」と名づけたライブにして、お客さんを入れていまして。そこで、同じ内容の演奏をやってはいたんです。

もちろん、本気でやりました。

それでもリハーサルです。だから、お客さんも、バンドのおれたちも、やっぱり「オー

小泉拓

プン戦だよなぁ」と思って聴いているし、演奏している。

だから、昨日のライブが、いちおう、「初日」という位置づけです。

初日って、たいてい緊張するんですけど……昨日も、案の定そうでした。昨年の終わりまで回っていた全国ツアーは「ライブハウスでのライブ」で。昨日からは「ホールでのライブ」になったんですね。

ホールとライブハウスとでは、演奏するほうとしてはけっこうちがいます。それで、緊張したというのもある。

ホールでは、お客さんに席もあって、ゆったり落ち着いて観てもらえます。そういう「いい面」もある。

ただ、そういう穏やかな様子は、バンドにとっては、同時に「……あれ、リアクションが薄いのかなぁ?」とも見えるんです。

それで、余計に緊張感が増すこともあります。昨日は、ちゃんと聴いてくれていて良かったな、と思って演奏していましたが。

昨日のようないいライブができた時に、バンドメンバーとしてはなにを考えているのかについては……すごく個人的なことから言いますと、ドラムって、セッティングをして、「よし、ばっちり」という感じで本番に臨んでも、始まったら、なにかしら気になるところが出てくるものです。「一〇〇パーセント良い」ということは、あんまりない。

「……あぁ、シンバルの位置が、すげぇ気になるなぁ！」

実際には、そんなことを思いながら、演奏をしています。そこのところの、時には「気に食わない感じ」なんかを、ライブをやりながら細かく調整することで、状況を良くしていくというのが、ひとつある。

そういうなかで、お客さんとのあいだでは、ステージと空気を共有していこうとします。昨日の場合には、お客さんとステージが、だんだんおたがいに馴染《なじ》んでいく時間が、中盤ぐらいに、はっきりと感じられました。

そこからは、安心して演奏することができたんですけどね。いつものライブの感じになってきたなぁ、と。

ほかに、昨日で気になっていたことで言えば、まぁ、昨日だけじゃないんですが、いつも、ドラムセットの「足まわり」が気になるんです。椅子に座ってみた時の、バスドラムと自分の体とのあいだの距離感だとか……。

そのあたりは、遠くてもダメ、近くてもダメ。その距離感が、むずかしくて。そういうことを考えながら、昨日も演奏をしていました。

曲の選び方は、とても良かったですよね。おれも好きなセットリストです。尾崎くんのほうから、「昔の曲で、やりたいのある？」ってバンドのみんなに訊いてくれて、ああいう曲（「exダーリン」「グルグル」）をやることに決まっていきました。

もちろん、スタジオで実際に演奏してみたら、「……うーん、この曲は大事だけど、いまは、やれないなぁ」とか、いろいろ検証することにはなったんです。でも、そういうプロセスを経たうえで、昨日のセットリストになっていった。それを、お客さんの前で通してやってみた感触が、とても良かった。

＊

ライブ中、お客さんとのやりとりを、どう感じているのかについては……ドラマーであるぼくからライブの進み方を見ていると、「フロントマンでありボーカルである尾崎くんが、今日は乗っているのかどうか」が、うしろから明確にわかるんです。

ぼくとしては、まずはそれを、その日のライブがいい感じかどうかの尺度として捉えているような気がします。

ステージのいちばんうしろから、メンバーみんなを見ている。お客さんもすべて視界に入っている。四人のなかでは、ドラムは、いちばん俯瞰的な視点でライブを見ているのかもしれません。

そこで、尾崎くんが調子良さそうにしていたら、きっと、お客さんから見ても、バンドが調子良さそうに見えているんだろうな、と思う。

昨日のライブのなかで、ぼくが個人的に調子良くなったのは、曲で言うと、「私を束ねて」あたりのブロックです。あのへんから、「あ、今日はこういう感じなんだな」とわかりました。あれを演奏したのはライブ全体の半分を越えていた(二三曲のなかの一六曲目)。だから、ちょっと、エンジンがかかるのが遅いんですが……。

昨日の尾崎くんのＭＣが、良かったと感じたんですか？　ぼくも、そう思いました。うしろで思っていたことは……昨日、尾崎くんが言っていたのって、「バンドの状態が良くない時期があったけれど、それを越えた。昨日のライブという場では、過去として話せた」という内容でしたよね。

ぼくはそれを聞いて、「当時のことを過去として伝えられるぐらいに、尾崎くんは消化したうえで、発言できているのだな」と思いました。良いことだ、とも捉えられた。だから、「いま、その時が来たんだよな」って感じです。すごいことだと思います。たいへんなこともいろいろあったあとで、そういう話が、尾崎くんの口から「過去」として出てくる。そう思えているなんて、バンドを続けてきて良かったなぁ、という。それが、ぼくにとっての昨日のMCでした。

＊

尾崎くんが書いた「バンド」という曲（二〇一六年に発表したアルバム『世界観』の最終曲）に、ぼくは救われたんです。自分たちの音楽でもあるんだけれども、まず、ぼく自身にとって、すごく心に響きました。

バンドがある、音が鳴るという幸せについて、歌にしてくれたから。

ぼくがクリープハイプに入ってからの歳月はもちろんですけど、それまでの十何年間か……ほとんど「バンドばかり」をやり続けてきた、ぼく自身の人生まで、語ってくれたみたいに感じたんです。

まわりに「バンドなんか、やめちまえ」と言われるって、音楽をやっていると、ほんとうに何回も出てくるものですし。

「バンド」って、良い曲です。しかも、たぶん、このバンドでしか演奏できないような曲ですよね。それが、かなりうれしい。

しかも、歌詞の内容はけっこう踏みこんでいて、バンドメンバーに対して、面と向かっては照れくさくて、あんまり言えないような話じゃないですか。

……あれを、ある日、曲そのものはみんなでだいたいつくりこんであった、歌入れのタイミングで、尾崎くんから歌詞カードを渡されたんです。

「……ずるいなぁ」

そう思った。歌詞カードを見て、すげぇ感動したんです。

「おい、尾崎くん……おれらメンバーに、それまでずっと黙っていてさ。急にこういうことをするわけ？」

そういう感じでした(笑)。カオナシ(長谷川カオナシ／ベース)も、ユキチカ(小川幸慈／ギター)も、ものすごく心を動かされていた。

でも、その時の尾崎くんが、なにかを狙《ねら》っているんじゃなくて「いま、自然と、そういう気持ちになっているんだ」と、歌詞からよく伝わってきました。いいタイミングでしたよね。

あの「バンド」という曲の歌詞を通して、安心できたところもあります。

「メンバーのことを、本心ではどう思っているのかなぁ？」

それまでのやりとりでは、フロントマンである尾崎くんの気持ちも、「なんとなく推測するしかないな」という時期が、けっこうありましたから。

でも、あの曲のなかでは、普段は言わないところまで気持ちを言葉にしてくれた。「信頼して、いいんだな」と思ったというのが、あの『世界観』というアルバムをレコーディングした時の正直な気持ちです。それが、いまも続いている感じ。

「武器」っていうのか、「自分はこういう人間です」というものが欲しかった

ぼく自身の音楽との関わりは……はじめは、インスト（楽器演奏のみ）の音楽が、好きだったんですよね。

観ていたテレビ番組で言えば、たとえば、オープニングがインストで始まる『西部警察』とか、『アメリカ横断ウルトラクイズ』とか。かっこよかった。

ほかにも、映画の音楽のように、歌詞の入っていないものは好きでしたね。歌詞が入っていると「そこで語られている言葉」以外の解釈をしづらく思えた、と言うのかなぁ。

言葉がないほうが、とくに小さい頃には、聴いているこちらにとって、自由な感じ。「音楽が、ゆだねられている」と思えて、心地良かったんです。

だから、ファミコンのBGMでいえば『ファイナルファンタジー』の音楽とか……そういうものを、好んで聴いていたんです。そうそう、ゲームの『ロックマン』シリーズなん

かも、すごくいい音楽でしたね。

「そういう音楽をつくる仕事って、いいなぁ……」

漠然とですけど、そう思っていました。

バンドを始めたのは、高校に入ってからです。友だちからの影響ですね。行った高校では、たまたま、軽音部がさかんだったので。

だから、まわりでは、わりとみんなが、バンドを始めているという感じがありました。そのなかでは、「どうも、ドラマーは数がいなくて、足りていないようだ」と、わかっていた。

友だちのなかに、ひとり、ドラマーですごくかっこいい、人気のあるやつがいたんです。それもあって、バンドをやるなら、ドラマーっておもしろそうだなぁと思っていた。

それで、高校二年の頃に、バンドを始めてみました。

その前までにやっていたことは……小学校の六年生までは、幼稚園の頃からやっていた、サッカーのクラブチームに入っていたんです。

地元は八王子なんですが、そこの強豪です。練習は、ものすごく厳しかった。尋常《じんじょう》じゃない。全生活をかけていて、「……仕事かい！」という感じです。小学生なのにさ。

ぼくの認識としては、「友だちに誘われて入ってみただけ」。だから、あまりにもキツイのでやめようと思ったんですけど、そこのあたりは、うちの父親が厳しくて……。

「いったん、自分でやると決めたことは、最後までやりなさい」

いや、おれとしては、友だちに「やろう」って言われただけなんだ、という言い訳があったんですが(笑)。でも、そう言われたので、小学校で終わるクラブチームの引退の時期までは、泣く泣く、やりきりました。

そこで、サッカーは、やめた。

その後、中学校に入ったら、部活でなにかをやらなきゃいけない、ということで、サッカー以外の部に……毎年ちがうところに所属していました。

とくにやりたいこともないまま、どうするかなぁ、と思って高校に入った。そこから、自分の「存在意義」みたいなものを探すようになっていった気がします。

友だちのなかには、特別になにもやらなくても、キャラクターがまわりに受け入れられて、人気が出るというやつもいる。おれの場合には、そうではなかった。

「武器」っていうのか、「自分はこういう人間です」というものが欲しかった。そこで、そう言えば、打楽器が好きだったなぁ、と思い出しました。

うちの実家の前には、公園がありまして。毎年、夏には、盆踊り大会がおこなわれていました。

正式にはなんて言うかわかんないんですが、「太鼓《たいこ》の軍団」みたいな人たちが来て、盆踊り大会の終わりのほうで演奏していたんです。その音が、荒々しくて好きでした。夜なのに、すげぇデカい音量でやっている。そんな、普段なら絶対に認められないような轟音《ごうおん》が、夏の一日だけは許されている。

お祭りそのものの雰囲気も、好きでした。マネして、小学校の教室のロッカーをガンガン叩《たた》いて、先生から、友だちと一緒に怒られたりしていた……。

そういう記憶もあったなかで、高校の友だちとバンドを組もうってなった時には、自分はドラムだよな、と。

ちょっとギターもさわってみたんだけど、おもしろいとは思えなかった。もっと、直感的にできる楽器のほうが、自分には向いているかなと感じて、ドラムを始めてみたんです。

当時の友だちの家に、ドラムセットがあったんですよね。一般の一軒家なんだけど、あった。そこに遊びに行って、叩かせてもらったりしていました。普通にコピーバンドを始めまして……そこからですかね。おれが、いちおう、「音楽をやりだした」と言えるのは。

＊

高校生の頃には「音楽を職業にしよう」とは、ぜんぜん思っていなかったです。おもしろくて、やっていただけ。

むしろ、働く人として好きだったのは、お笑いの芸人たちでした。芸人って、「姿勢」というか「ありかた」がかっこいいな、と思っていた。

芸人という職業には、容姿がいいとか悪いとかもあまり関係がないですよね？　コンプレックスがあるなら、むしろ、それもネタにして笑いを取っていける。「喋り」という技能だけで、世の中と渡り合っていく。

そういう「実力がある」みたいな存在感がいいな、と捉えていたんです。漠然とだけれど、「おれも、そんなありかたで生きていけたらいいなぁ」と憧れていました。

でも、そういうことが音楽でやれるとは、想像できていなかった。

最初にライブをやったのは、文化祭だと思います。そこでは、気持ちが良かったか？

……ただ、ライブで演奏した時よりも、みんなではじめてスタジオに入って音を出したことのほうが、記憶には強く残っていますね。

すっげぇでっかい音を出せる。これは、楽しいかも……。

「スタジオのなかでは、こんなにデカい音を出してもいいのか！」

さっき言った夏祭りの太鼓の轟音みたいで、気分が良かったんです。「こりゃいいや」

って感じ。

普段のおれは、あんまりたくさん喋るほうではないんです。言葉で伝えたいことも、そもそも「とくにない」。

でも、スタジオで大音量を出した時には、大声で、思いっきり喋れているような気持ち良さがありました。

はじめてのバンドは、よくある「音楽性のちがい」みたいなことでモメたりするような深いところまでは、ぜんぜん行かないまま、です。ただただ、「音楽を始めたての友だちどうしで組んでいた」というだけ。

そんな初心者であっても、バンドのなかでドラマーをやるというのは、自分に合っている気がしていました。

たとえば、さっき言った『西部警察』の音楽や『ファイナルファンタジー』のBGMをつくるような役割って、「いいなぁ」と感じていても、そもそも、どうやればその業界に入れて仕事ができるのか、当時のおれには、まるで想像がつかなかったんです。

しかも、高校生の頃には、「曲をつくりたい」というよりは、「演奏をしていたかった」。バンドを始めて、「良い演奏をすることによって、その場で共有できるなにがしか」みたいなものが、どんどん好きになっていったので……。

いい演奏ができれば、「循環しているものの一部になれる」というような感覚がありました。ドラムはとくに、クルマでいえばエンジンみたいなものだと思いますので。

それに、その頃には、正直に言えば……居場所が欲しくて、ぼくは、その居場所を「バンドでドラムをやる」というなかに見つけていたんだろうな、とも感じます。

人間は、時には簡単に死んでしまう

高校を卒業したあと、一年浪人してから大学に入っています。それまで、一回も真剣に勉強をしたことがなかったので、浪人時代には「……よし、一生に一回ぐらい挑戦してみよう」と思って、勉強ばかりしていました。

一回ぐらいは、真剣に勉強をやっておこう。それで、自分が社会のなかでどのぐらいの位置にいるのか、わかっておこう。

そのほうが、なにをするにしても戦略を立てやすくなるんじゃないか。それに、選択肢も増えるかもしれない。

そう考えたんです。やりたいことは大学にいるあいだに決めよう、と。

だから、浪人時代には、刑務所のなかにいるみたいな気持ちで過ごしていました(笑)。

禁欲的で、一日に八時間ぐらいは勉強していた。

高校時代に仲が良かった友だちが、大学に現役で受かっていたんです。高校卒業ぐらいの時期には、まだ勉強のやりかたがわかっていなかったので、訊いてみました。

「毎日、六時間勉強したら、大丈夫だと思う」

へぇ、と思ったんです。数字がかなり具体的に出てきた。それで、やろうと思いました。でも、やろうとしても、はじめは「机に座り続ける作業そのもの」にぜんぜん慣れていないから、六時間なんて、とても勉強し続けられないんですね。

……そうか、「六時間なら、やれるかもしれない」なんて単純に思ったけれども、これは、もしも毎日六時間、黙ってほんとうに勉強をやれたら、相当やったことになるのだろうなぁ。

そんなところから入って、本気で勉強をやってみたんです。ただ、精神的には不安定でしたね。

世の中はだいたい、一年で物事が更新されていきます。新年度になったら、ほとんどの人の人生は、自動的に前に進んでいく。学年が上がったりして、ちがうステージに上がる。でも、浪人の自分には、未来の確約がなかった。

予備校で見かける、二浪の人たちがかもし出す雰囲気にも、独特なものがありました。

「……受かれば問題ないけれど、そうじゃなければ、もしかしたら、この人たちと同じようになるかもしれないぞ？」

受験の前までは、気持ちとしては背水の陣でした。

それで合格したわけですが、当時の勉強の経験は、のちの人生にけっこう活きています。自分なりに深いところでわかったのは、「やっぱりなんでも、本気でやらなきゃダメなんだ」ということ。

それまで、なにに対しても六割ぐらいの力の出し方で「こなして」いたんですが、一生懸命やらなきゃ、自分自身の実力さえわかりようがなかった。

＊

ただ、希望通りの大学に行ってみて、世の中で一流とされる企業に行ける可能性もある環境に入ったら……個人的には「それって、別に、おもしろくもなんともねぇなぁ」と感じてしまった。

型通りだよな、と思ったんです。人と同じような道筋を「なぞる」だけの行動に見えた。

大学一年の頃、親戚の叔父さんが、若かったのに、突然亡くなってしまったことも、大きかったです。人は誰でも、ほんとうに、いつ死ぬかわからない、と思った。

それなのに、世間一般で「これが、幸せというものである」と言われる道筋だけを、自分がおもしろくも感じていないのに「なぞる」ことをして、死んでいく。それは、どうなんだろう。

若い頃には、多くの人が思うようなことかもしれませんが、その頃のおれには切実な感覚でした。

亡くなってしまった叔父さんのように、人間は、時には簡単に死んでしまう。終わりが来る前にやりたいことをやっておかなきゃ、一生できないままかもしれないなぁ。年齢に関係なく、死んでしまう人もいるんだ、と……。それを、はじめて知識としてではなく実感して、ショックだったんです。

しかも、叔父さんがいなくなってしまい、おれのやりたいことに歯止めをかける人も、まわりにいなくなりました。叔父さんは一級建築士で、おれにも「勉強しなきゃダメだよ」と言うような、オトナな人でしたから。

でも、人生は一回しかないとわかった。浪人を一年していたあいだには、ドラムを叩いていなかったので「鬱憤《うっぷん》がかなり溜《た》まっていた」のもありました(笑)。

大学へ入った途端、「勉強以外はしちゃダメだ」という、自分でつくったタガは、外れた。だから、バンドをやろう、音楽系のサークルに入ろう、と。

三カ月に一回ぐらいはサークルのライブがあって、そこで演奏をするというような環境です。そこでバンドをやっていました。

その頃には、すでに「芸人のような存在になりたかった」という、昔のおぼろげな夢みたいなものは、なくなっていました。それで、将来なにをやるかの答えは出ないまま、大学の四年間は過ぎてしまった。

当時にやっていたバンドのなかでは、うまいとかヘタとかは別にして、「自分には、個性がある」と感じていました。

Aメロ(最初のフレーズ)の終わりのフィル(曲の展開のキッカケとなるドラムのフレーズ/おかず)を、自分ならこう即興的に入れる。たとえば、そんな「意図がある」という点では、人とはちがうことをやろうとしていました。「強み」と言ったら、そういう「独創性を出そうとしている」みたいなところばかりだったから、あとで、別の人たちと組んでけっこう直されることにもなったんですが……。

*

性格も考え方も、いまの自分と二十代の頃の自分とでは、まるでちがう気がします。人との組み合わせにもよるのかな？

振り返ると、大学生の頃には目的が「あいまい」でしたね。大学進学の動機も、根本的には、「世の中を動かす人は誰なんだ、ということを知りたい」ってだけでした。

大学で「世の中を動かす人」になるかもしれないやつらと会ってわかったことは……「たいしたことがないな」ということ。もちろん、おれ自身も、たいしたことがない。

そういうことを思っていたなかで、大学時代は、いわゆる「モラトリアム」と言われる猶予《ゆうよ》期間を長く過ごしてしまいました。バンドは続けていたけれど、仕事としてどうにかなるような「めぼし」なんて、なかった。不安でした。

いま、クリープハイプの音楽は、二十歳ぐらいの人たちにも、たくさん聴いてもらっています。ライブでも、そのぐらいの世代の人たちを、よく見かける。

そのぐらいの年齢だった頃の自分には「不安しかなかった」から、ファンの人たちもそうなんだろうとは想像するんです。きっと、オトナから心配されたり、ああしなさい、こうしなさいと言われたりしているんだろう。

ただ、おれの心境の変化で言えば、ここ最近に来て、音楽をやることがどんどん楽しくなってきているんです……。

音楽を続けることは、若い頃にはあんなに不安だったのに、おっさんになってからのほうが、楽しくなってきている。

その心境の変化は、さっき話した尾崎くんの「バンド」という曲にも関係しています。

大学時代にやっていたバンドは、二十六歳ぐらいの頃に解散した。それからは、いろんなバンドを掛け持ちしまして。そのうち、「音楽でメシを食う未来は、ないのかもしれないなぁ」と、こわくなっていった。

でも、そのあと、すでにクリープハイプを率いていた尾崎くんから、最初はサポートメンバーとして、しばらくして正式メンバーとして誘ってもらって、いまに至るわけです。

こちらの人生の軸として見えているのは、まず、そういう自分の流れなんです。そのうえで、二〇一六年の終わり頃には、尾崎くんのつくった「バンド」という曲に出会えた。「バンド」は、クリープハイプというバンドの話としても、グッと来る曲なんですが、もっと大きなところでも、「バンドとはなにか」を音楽にしたような曲だと感じていましてね……。

だから、おれは、あの曲で救われたんです。

あの曲に出会って、なにかが「開いた」みたいになった。それからは、音楽をやるモードが、自分のなかで変わっています。だから、「ここへ来て、音楽がおもしろくなってきた」。

「うまくなろう」というよりも、「個性の表現だけ」をしていた

大学時代に組んだバンドのなかでも、大学三年の頃に始めたバンドは、四~五年は続けました。大学卒業後も同じメンバーでやり続けていて、レコード会社の人に声をかけてもらっていた。

それでも、その後にボーカルの都合で解散することになりました。ボーカルの実家の都合で、です。

家業を継いでくれ、と父親から言われて悩んだ結果、ボーカルは実家に行くという答えを出した。

そこから、おれはいろんなバンドを転々とするんですが……その大学三年の頃に始めたバンドでは「自分のやりたい表現が、全面的に受け入れられていた」んです。その状況が、だんだん変わっていきました。

学生時代から組んでいたバンドでは、歌を立てなきゃいけないというような意識もなく、ドラマーで言えば、「ブランキー・ジェット・シティにいた頃の中村達也さん」のように、自由なありかたのまま活動できていたんです。

やっていたバンドはスリーピースでした。ドラマーはステージの真ん中に、さえぎるものもないなかで立っていられた。

ボーカルがつくってきた曲の構成を考える時には、ここのAメロは静かめで、Bメロで上がって、サビでドーンと、などと意見を伝えていく。いまの「クリープハイプ」で言えば、カオナシのような立場ですよね。

で、そのバンドの時には、ドラムの演奏そのものよりも、そうしたアレンジのほうが楽しかったんじゃないかなぁ。自分の「存在意義」や「居場所」みたいなものは、そういう曲の構成みたいなところで見出せていた。だから、むしろ、ドラムという楽器には、真剣に向き合えていなかった。「うまくなろう」というよりも、「個性の表現だけ」をしていた。

好きにやれていたからか、解散が決まった直後には自信を持っていたんです。おれの売りは個性的な表現なのだから、今後も、誰とでもどこでもそれでやっていく、と思っていた。

でも、わりと長く一緒にいたバンドがなくなって、ほかの人たちとバンドをやってみたら、やっぱりまるで「ほかの人たち」なんです。……このへんは、言っていることがわかりにくいかもしれませんが、「思いついたまま話しても、サッと伝わっていたメンバーたち」とは、ぜんぜんちがう。

自分らしさをぶつけても、意見がまったく伝わらない。へこみました。「知らなかった。学生時代からの居心地の良さが、もう、戻ってこないものだったなんて……」と。

おれが、自分のバンドが解散したあとに、ほかのバンドと関わっていった時の関係性は、「雇われのドラム」みたいなものです。

すでにあるバンドに入っていく。立場は、そんなに強くないことが多かった。だからこそ、恋愛じゃないんだけど、「運命の人」を探したい、みたいな心境にもなっていきました。でも、ぜんぜん見つからなかった。

当時、いま言った「ほかのバンドの人たち」から言われていたことは……シンプルに「そのドラムでは、歌いづらい」だとか。

「合わせづらい」と言われ、メトロノームみたいな演奏を強いられた時には、「機械的な音を求めるのなら、機械の打ちこみでやればいいんじゃないの？」と意見を伝えはしていました。

叩き方のクセを指摘されて、「直される」という動きもありました。でも、おれにとっては、「そもそも、ボーカルを認めていなければ、ボーカルの意見そのものが受け入れられない」。

歌声、歌詞、アイデア……なんでもいいんだけれど、ボーカルに惚《ほ》れこんでいなければ、ぼくの場合には、アドバイスされても意味がなかった。

だから、クリープハイプに入ってからですよね。「そうか、ボーカルの視点からは、そういう考えも出てくるよな」と、おれが素直に意見を認めて、受け入れられるようになったのは。

いくつか加入していたバンドでは、さっき言ったような理由でやめちゃうパターンも多かったんです。「そもそも、歌えていないんだから、そんなボーカルに指図されたくない」と。

入っていたバンドのなかには、大学時代に組んでいたバンドを観てくれていた知り合いが声をかけてくれる、というケースもあったんです。すると、一緒に演奏すること自体は、ラクでした。それでも、自分のめざしているものと合った音楽とはかぎらない。

でも、ほかにやることもないので、誘われたバンドは続けながらもほかのことも探していく、みたいな……。なかなか切り替えはできませんでした。

大学やサークルで会うような、ほかの人たちが就職活動を始めた頃には、ぜんぜんそんな気になれなかった。

だから、アルバイトをしていました。大学の先輩に紹介してもらった、ある清掃関係の職場は、バンドをやりながら関わっている人が多いから理解もあって、居心地が良かったんですが。

バンドが解散したあとには、親に「申し訳ない」と感じるようになっていました。大学を卒業する頃には、「いまやっているバンドで売れたらいいな」と思っていて、進路に疑問を持っていなかったんです。

でも、「卒業後もバンドを続けるから、就職活動はしない」というような相談もしないで、しれっと大学を卒業して、フリーターの生活に入っていましたからね。「相談をしたら、反対されるかもしれない」と……。

そのあと、親はなにも言ってこなかったですが、「どう思っているのかなぁ」とは、想像しながら暮らしていました。

＊

音楽を続けていくうちに、「歌もの」への考え方は、変わっていきました。ブルーハーツをあらためてしっかり聴いたりしてみたら、「こういう歌詞なら、すげぇいいなぁ」と、むしろ「好き」と言うか、肯定的に思えたし。音楽で生活をしていこうと思ううちに「歌もの」は大事だ、と捉えるようにもなっていったんです。

そして、理想的なありかたとしても、おれは「セッションドラマーとして、技術をグイグイ見せて食っていく」とかいう感じでもなかったんですよね。

小泉拓

ぼくは、やっぱり「バンド」というありかたで音楽を続けたい。

それなら、ファンに支持されるボーカリストのいるバンドのほうが現実的には続けられるだろう。そう捉えるようになっていきました。だんだん、「歌もの」の必要性がわかってきた。

ただ、だからこそ、ボーカリストから出てくる声や歌詞に共感できて、それを広めたい、と心から思えるような出会いを願っていたわけです。

腕を見こまれて、ライブやレコーディングで演奏をするセッションドラマーというありかたについては……ある時点までは、「高い技術を持つプロとして、そうなれたらいいな」と思ったこともあったんです。

でも、大学時代からのバンドを解散したあとの経験を経たら、だんだん、そういう「雇われ」みたいなありかたは、少しさみしく感じるようにもなりました。

「いろんなバンドに顔を出してはいるけれども、肝心の『おれ自身の居場所』が、どこにもないなぁ」

そんな関わりも、けっこう重ねてきましたからね。

たとえば、昨日はあるバンドと横浜でライブをした。今日は、ちがうバンドと渋谷でライブをする。そんな場面も、多々やってくるわけです。

昨日のライブは良かったなぁ。そんなうれしい時には、余韻《よいん》が残ります。しかし、そういう手ごたえにひたる余裕もないまま、今日も、次の現場に行って、ちがう人たちと一緒に音を出さなければならない。

そういう時には、なんと言うか、「心が追いつかなかった」んです。バンドを三つぐらい掛け持ちしていた時期などはとくにそうだったんですが、さみしくなってしまって……。

自分がほんとうに所属していると言えるバンドがないさみしさというのは、ある程度なら顔が広くて、知り合いはたくさんいるけど、結局、「家」にあたるような帰る場所がない、みたいな。

居場所がなかった。いや、どこも、居場所といえば居場所なんですけどね。広く浅くでいいのなら。

でも、「自分の家」と堂々と言えるバンドがない状態で、いろんなバンドに「一枚、噛んでいる」という時期が続くと、気持ちがすさんでいきました。

正直にいえば「いやになっていく」というのかな。

昨日一緒にやったメンバーたちは、今日ライブは休みだから昨日の喜びにひたっているんだろう。でも、おれだけは別のことをやらなきゃいけない。

そういう「雇われ」の日々のなかで、こちらの気持ちに折り合いがつかないまま、次のライブが始まっていく。それが、なにかさみしくなったんです。

そういうなかで、次第に「セッションドラマーのように渡り歩く技術者」というミュージシャンのありかたには、興味がなくなっていきました。

ただ、それだけ、「家」になるようなバンドを求めながら、大学時代からやっていたバンドが解散してから、ずっと、どのバンドに加わっても「ここではない」と思う時期が長かったのは……理由は、それぞれ別のものでした。

でも、大きなものとしては、やっぱり「この人」と思えるボーカリストに出会えなかったからかもしれません。

そのぐらい、ボーカリストと音楽的に合うかどうかは、むずかしいと感じてきました。

もちろん、音楽的にいいとか悪いとかいうものもあります。ただ、キャラクター、歌声、容姿など、そもそも音楽性の前に、自分と「合うかどうか」が、まずある。

ステージに一緒に立った時に「……どうも、カラーがちがうぞ?」ということも、どうしようもなく出てくるんです。すると、ずっとやっていこう、ということにはなりません。

もちろん、バンド全体のモチベーションが低いだとか、バンドのなかに見ている方向がぜんぜんちがうメンバーがいるだとかいう場合も、たくさんある。だから、苦しい。

このへんは、尾崎くんのようなボーカリストとは、苦労の種類がちがうとは思います。尾崎くんのようなボーカリストは、みずからの曲や歌詞や歌声にアイデアを加えて、どんどんアウトプットしていく役割をひとりで背負っている。だから、逃げられないという か、「つくる人」としての孤独があります。その代わり、ずっと、自分のバンドだと言いきれる活動だけをやり続けてきた。

おれは、ちがった。

尾崎くんという人間が、おれには単純に「ショック」でした

尾崎くんの「クリープハイプ」とは、おれが大学時代から続けていたバンドをやっていた頃、一回、本八幡《もとやわた》のライブハウスで対バンしていたようでした。そのことを、尾崎くんは覚えてくれていた。

そういう下地があるなかで、おれがやっていた大学時代からのバンドについて、目をかけてくれていたレコード会社の人から連絡があったんです。その人は、クリープハイプの今後についてかなり注目していた。

「こういうおもしろいボーカルがいるんだけど、ドラムで手伝ってみませんか?」

小泉拓

尾崎くんとの関係は、そこから始まったんです。バンドを通して知り合った人に紹介してもらったわけです。だから、前にそこで売れたいと思っていたバンドでの活動が、いま、クリープハイプというバンドでドラムをやっていることに、道筋としてつながってはいるんです。そのことはうれしく思う。

それは、おれが三十歳になったぐらいの頃ですかね。クリープハイプというバンドは、その人づてに知りました。

カオナシやユキチカは、もっと「クリープハイプ」の近くで活動していて、対バンなどでちょこちょこ知り合っていたようでした。おれは、少しちがう界隈《かいわい》で活動していたので、尾崎くんと直接の面識はなかった。

界隈がちがうというのは、出ていたライブハウスの系列がちがうんですね。ぼくが出ていたのは、秋葉原の「CLUB GOODMAN」や下北沢の「BASEMENT BAR」などでした。尾崎くんが出ていたのは、下北沢の「Daisy Bar」や、府中の「Fuchu Flight」など。おれらは、そっちにぜんぜん行っていなかったので、接点がなかった。

でも、なんの前知識もなく、レコード会社の人から連絡を受けて、当時のメンツのクリープハイプのライブを観たら……すごかったです。

尾崎くんという人間が、おれには単純に「ショック」でした。

ライブを観たら、尾崎くんはなにか、お客さんに向かって怒っていたんです。さっき言った知り合いの人と一緒に、代々木の「LIVE labo YOYOGI」っていうライブハウスで観たんですが、それがおもしろかった。

お客さんが客席に座っていたんじゃなかったかなぁ。それに対して、尾崎くんは毒づいていた。

「……おい、そこ、座ってんじゃねぇ！」

アオリを入れる。そもそも、お客さんに負の感情をぶつけること自体、勇気がある。で、ライブをやっていくなかで、負の感情をプラスに変えていける実力もあった。声も曲もいい。

演奏が終わったあとは、穏やかに「ありがとう」って言って、客席の心を抱きしめて帰った。

「このボーカルは、場を支配している……」

それができる人って、これまでいろんなバンドを見てきたけれども、目の前ではあまり見たことがなかったんです。歌がうまいとかいうのも、もちろん大事だけど、なにより、そこまで場を支配できるボーカルって、ほんとうにいないですから。

最後にお客さんに一声かける緩急のつけかたにも、「気持ちをさらっていく」うまさを感じた。そういうライブをしていたので、おもしれぇなぁ、と。

ライブの最初から優しさを前に出してきても、「……あぁ、そういう偽善的な感じ、もう、どこかで観たから」と客席は冷めちゃうんです。尾崎くんがいやがるフレーズで言うなら、「バンド名だけでも覚えて帰ってくださいね」と始まるバンドも、けっこういましたが。

話、脱線しますけど、のちのち、尾崎くんがそうして「バンド名だけでも覚えて帰ってくださいね」と喋るやつはダメだ、みたいに毒づいてくれること自体も、おれは「おもしれぇ」と感じていました。

尾崎くんって、ひとことずつに敏感なんです。だから、いろいろ教わった。

とにかく、はじめてクリープハイプを観た時には「こういうやつには、出会ったことなかったな」と思いました。

「誰彼かまわず噛みつく感じ」も、いいなと感じた。当時、おれは三十歳を過ぎていて、音楽をまあまあ長くやっていました。だから、いくらトガっていると言っても、バンドマンって基本的にはこのぐらいのワクに収まるよなぁ……とわかったつもりでしたから。

「だいたいのやつは、底が知れている」

「音楽をやる人間は、良くも悪くもこんな考え方をする」

飽き飽きしていて、実際に想像のワクを越える人には、ほとんど出会ってこなかった。でも、そんな時期に、尾崎くんのことは「ショック」だと感じることができたわけです。尾崎くんと組んで、音楽的に合うかどうかは、やってみないとわからない。でも、おもしれぇやつであることは間違いない。「やってみたいです」と、あいだに入ってくれた人に伝えました。

最初は「サポート」のドラムとして、クリープハイプに加わりました。ボーカルとギターが尾崎くん、いまとはちがうベースのメンバー、おれというメンツで、スリーピースバンドをやった。

そのすぐあとぐらいの時期に、ベースはカオナシ、ギターは尾崎くんだけではなく、ユキチカも入るフォーピースバンド、ということになった。それで、しばらくは尾崎くん以外の三人は、サポートメンバーだったたんじゃないかなぁ。

*

その後、尾崎くんから「正式なメンバーになってくれないか」という話をされた時には、けっこう考えこんでしまいました。うれしかったんですが、「いまやっているバンドは、どうしよう」と……。

やっているバンドのなかでは「頼られている」という状況がありました。それに、ぼくがクリープハイプに正式に加入するとなれば、そのバンドが終わることは目に見えていた。当時やっていたそのバンドのメンバーたちも、やっぱり人生を賭けて音楽を続けてきたわけです。だから、簡単には決断できなかった。

おれは、同じ時期に「正式なメンバーに」と誘われたカオナシやユキチカに比べても、いちばんウジウジしていましたね。三人のなかでは、最後に「入る」って言ったんじゃないのかな。

その頃は、サポートのまま関わっているバンド活動に満足してしまっていたのかもしれません。関わり方が浅ければ、それなりの逃げ道がありますから。

しかも、生活の安定って、どんな時にもありますよね？　毎月の流れのなかで、バンドの活動はこのぐらい入っていて、バイトのシフトはこのぐらい入っていて、というような生活サイクル。

それができあがっていると、それを根本から変えてしまうことに勇気がいるんです。ぼくは、変化を好むタイプの性格でもないし……。

それまで付き合ってきた人たちとの関係があったから、決断がむずかしかったんですね。

もちろん、尾崎くんからは、おれの人間関係は、見えなくて当たり前。尾崎くんは必死で生きていて、欲しいと思ったおれを欲しがってくれた。ただ、一方で、ぼくの近くにいたバンドメンバーたちもそれぞれ必死に生きている。

でも、結局、バンドメンバーたちに対しては、どこかの地方のライブに行った時の、高速道路のパーキングかどこかで言いました。決めたあとも、なかなか切り出せなかったんだけど。

「クリープハイプの正式なメンバーになってくれと言われている。それをやるとなると、いままでのようには、バンドができなくなると思う」

おれをそのバンドに誘ってくれたボーカルは理解してくれた。たぶん、おれにはそっちが合っているんじゃないか、とも言ってくれた。

でも、そもそもは、そのボーカルがすごくプッシュして誘ってくれて、おれはそこのバンドに入っていた。自分からしたら、前から「おれを必要としてくれていた」というのが、当時の存在意義だったんです。

必要としてくれた人たちを、自分から切ってしまうのはどうなんだろう、というのもあった。

そのバンドのベースとは、大学時代に始めたバンドでも一緒だったんです。長い付き合い。大学時代からのバンドは、ボーカルがやめて解散したものの、そいつとは、ずっとバンド仲間であり続けていたわけです。もちろん、気心は知れている。

大学の頃からやっていたバンドが解散した時も、別のバンドをやっていた時も、そいつは「拓とバンドをしたい」と言ってくれていた。大事な友だちでもある。

もともと、ベースとドラムは音楽的には密接につながるところがあります。それもあって、おれらは当時「セット売り」みたいな良いコンビでもあった。

でも、だからこそ、なんですが、おれはベースに甘えてしまっていたところもありました。

甘えてしまうというのは、「おれは、こういう人間だ。わかってくれるやつとだけ付き合う」という姿勢で生きていても、そいつは、つねにわかってくれた、ということです。

でも、それで「閉じていく」音楽活動もあるわけですよね。……そんなことを、いろいろ考えました。

クリープハイプとそのバンド、ふたつを同時には取れない。人生の分岐点。よくわかっていました。ここで言えば、この人たちは、別の人生に進むだろう。でも、言った。

ボーカルは、その後、ライブハウスを立ち上げました。それは彼の才能です。ライブに人を呼ぶのが、とてもうまかったので。

いい意味で口がうまい。横のつながりをつくることにも、マメ。そういう能力を活かして、いまもライブハウスの店長をやっています。

ベースは、いまもいろんなバンドのサポートで活動している。だから、その頃のみんなは全員、現在進行形でバンドに関わっているわけです。それも、バンドマンの生き方ですよね。

個性って、わざわざ自分で探して主張しなくても出てしまう

いまの四人ではじめてスタジオに入った時は……それまでにおのおの築きあげてきたものがあって、「ぜんぜん嚙みあわなかった」。

ドラムのぼくにしても、拍を取る時に自分の「タイム感」でやっちゃって、みんなと合わなかった。なにか、四人ともそれぞれ方向性がちがう。

でも、おもしろさもありました。「このぐらい個性の強いメンバーを集めちゃったんだから、しょうがないよねぇ」という感触だったんです。いい意味では「独特」とも言えた。

もしも今後、この暴れ馬みたいなやつらでうまいことまとまったら、おもしろそう。そんな予感はありました。

そもそも、尾崎くんにはそういう意図があったようです。そんなメンバーを集めたことは、これまでなかった。クリープハイプを世間に伝える、さらなる展開のために、目立つやつばかりのチーム編成で挑戦しよう、というような。

その後のバンドの推移は、どうだったかなぁ……。忙しくて、記憶が飛んでいるところもある。ただ、「楽しい」というより、まず、おれとしては「やるしかない」って気持ちが強かったです。

自分たちが入る前から、クリープハイプの人気には、火がつきかけていました。結果が出なかったら、サポートメンバーはすぐ帰らなきゃいけない、ぐらいの感じはあった。

だから、しばらくは、メンバーとどう関わっていったらいいのかもわからなかったです。

「傭兵感《ようへい》」？　うん、それはあった。

その後、サポートメンバーではなく正式メンバーにもなったけれども、「サポート」と「正式」のあいだのちがいにも、これだという正解はなく、自分たちで距離感を見つけていかなければいけないわけで。

もともと、友だちだったやつらどうしでバンドを組んだんだったら、関係性って「なんとなく」でいいんですが、でも、尾崎くんを除いたおれたち三人は、パッと集まったわけですから。

あとから入った三人とも、それぞれいたバンドでは「お山の大将」でした。もちろん、尾崎くんは現在進行形でそうあり続けている。で、音楽的には、全員が凶暴な個性を持つやつらでもある。それは、わかっていた。

そういうなかで、おれはどう振る舞うべきなのだろうか。メンバーのなかで最年長者だというのもあるから、少し引いて構えてみました。

すでに、それまでのバンドでやりたいことをやらせてもらってきたし、と。だから、ここで「強い自我」を通そうとしてバンドが空中分解するより、引いたほうがうまくいくのかもな、とは考えました。

だから、自分の個性を前に出すやりかたはしなくなった。それも、尾崎くんというボーカリストに対して共感していたから苦しくもありませんでした。

尾崎くんのやりかたは、音楽としてちゃんと成りたっている。それを支えていけばいいだろう。ただ、バンドを「やりたいからやっている」とでもいうような時期は、いつからかはわからないんですが、その時点では、「とっくの昔に過ぎていた」感じでしたね。

三十歳を過ぎて、もう、ほかのことなんてできなくなっていた。「つぶし」が利かない。後戻りできない。さらに結果が出ない状況が続いたら、まわりにもそうだけれども、誰よりも自分自身に対して言い訳ができないだろうと思っていた。

意見を前に出さない方向に「引くこと」をするようになって気づいたのは、個性って、わざわざ自分で探して主張しなくても出てしまうものなのだ、ということです。これは、その後にレコーディングで、ギターテックか誰か、エンジニアの方に言ってもらえたんですが。その考え方は腑《ふ》に落ちて、「自分がこのバンドに入ってからやってきたことって、それなのかもしれないな」と思うようになりました。

出そうとしなくても、個性は充分に「出てしまう」。むしろ、わざわざ個性を「出そう」としているところが、弊害《へいがい》になっていたのかもしれない。そう、気づかせてもらったところがあった。

つまり、こういうことです。「おれは個性的だ」と思っていた時には、ワクに収まりたくないという気持ち以外には前に出せなかった。

でも、一方では、ドラムをやるにしてもなんの楽器をやるにしても、演奏をやるうえでは、一般的な「型」ってあるじゃないですか。それは、技術的にこなせたほうが、表現に奥行きが出るわけです。

前に関わったバンドで、おれが反発するような提案をしたボーカルも、じつはそういう意味で「型」をやってほしいと思っていたのだろうなぁ……と、ずいぶんあとになってからわかったんです。

その普通の「型」をやったところで、個性は変わらず「にじみ出る」もの。そう考えたら、やればいいいだけなんだな、と。

二十代の頃のおれは、「そんなことをやっていたら、自分らしさが殺されてしまう」みたいに思って絶対にやりたくなかった。考え方は、ずいぶん変わりました。

そこから、ドラムへの向き合い方もまじめになったと言うか。それまで軽視していた基礎的な技術も見直しましたね。

すると、引き出しが増える。増やしたほうがいい。普通のことを求められたら当たり前にできる、という選択肢の幅。そこのところの大切さは、クリープハイプに入ってからわかるようになりました。

芸人に憧れていた話をしましたが、ぼくは小さい頃から、基本的には「実力のある人」になりたかったんだと思います。

で、どこかの地点で、納得できる実力がついたかと言えば……じつは、大学の頃にバンドでやっていた時点でも、その時はその時で自分では「いい」と思っていたんです。でも、いま考えてみると、ぜんぜんできていなかった(笑)。

だから、いつでも井の中の蛙《かわず》というか「道なかば」なのが、演奏技術なのかもしれません。だから、進むほど、むしろ謙虚にならざるをえません。いま、ほんとうに納得のいく演奏ができたというのは、ごくたまにあるかなという感じです。

ぼくがいま、日常的にドラムをどのぐらい練習しているのか？　これって、むずかしい話です。

練習を多くやるほどうまくなるなら、ずっとやります。でも、体感としては、「そういうものでもない」。いったん音楽から離れて戻ってきた時に、昔できなかったことができるようになったりもしますから。

楽器演奏は良くも悪くも反復のなかでクセがつくんでしょう。だから、できないことをやり続けたら、熱心でも、できないことがしみついていく……。

それで、できない自分が前に出てしまう。だからこそ、そういう状態をいったん忘れるために練習から離れることも時には効果的なわけです。

実際にカラダを動かすことだけが練習でもありません。頭のなかでイメージを練っていることも、ドラムの練習と言えるかもしれない。だから、何時間やっているとは言えない。

しかも、練習時間がどのようになにに生きていくのかも、はっきりわかりません。なにをもって、音楽づくりに貢献できたことになるのかも、バンドの性格や自分の役割によってちがってきます。

たとえば、「曲をつくった人が、最終的なイメージをどれだけ持っているか」という要素があります。完成形のイメージはないが、とりあえず、できてきたメロディをボーカルが持ってくる、という場合もある。

尾崎くんに会う前のバンドでの曲づくりは、だいたい「そこから」が多かった気がします。すると、こちらはメロディに解釈を加えてかたちをつくっていく。

尾崎くんの場合は、自分のなかにしっかりイメージを持って指定してくれる。こちらは、そこに向けて音を出すことをすればいい。同じドラムという立場でも、やる内容は変わってきます。

尾崎くんのつくる曲は、意図が明確であるがゆえに、ドラムは自由に叩けばいいわけでもありません。でも、やることははっきりしている……昔のバンドでやっていたこととは、役割がぜんぜんちがうんです。

「いいボーカルほど、ドラムにはうるさい」

正式なメンバーになってほしいと言ってもらい、結論を出して、それがお客さんの前で発表されたのが、「バンド」という曲のなかでも歌われている「二〇〇九年十一月十六日」

です。

尾崎くんがライブの最後にお客さんに発表してくれた。その日の出来は……ドラムに関しては「まだ納得のいく演奏ができていなかった」かもしれない。

当時、お客さんも、尾崎くんをサポートしているおれらを、ある意味では「品定めしている」ところがあったんじゃないかな。「尾崎くんのお客さん」がライブに来ていたので。ぼくのような、あとから入ったメンバーは、どんな距離感でバンドに関わっているのか。しばらくは、お客さんもつかみづらかったはずです。

一時的なサポートメンバーなのか。それとも、この四人でこそクリープハイプと言えるやつらなのか。

そのへんは「試されている」と思って演奏していました。だからこそ、「まだ、納得のいくライブではない」という感覚だった。「尾崎くんのファン」に対して、自分はどんな顔をしてステージに立っていればいいのだろう、と探っている最中だったから。

いまは、そんなことでは悩みません。お客さんが、バンドのファンとして来てくれていると伝わってくるので。でも、けっこう長く「おれのことなんて、観ていない」と思っていた。

正式なメンバーになっても、メンバーどうしや、お客さんとのあいだでの関係性は、すぐには変わりません。その折り合いがつくまでには、けっこう長く時間がかかりました。環境が変わった。前のバンドメンバーたちと離れた。だからこそ、新しい環境のなかで結果を出さなきゃいけない。でも、どうやって結果を出したらいいんだろう？

毎日、そう考えていました。

そのあたりの悩みは、レコーディングなどで関わってくれるスタッフの人たちと話をすることなどで、なんとなく解消していったと記憶しています。

ドラムテック。ギターテック。ほかにも、いろいろ。エンジニアの方たちは、現在進行形でプロのバンドに関わっています。

「このバンドは、ここがいいところ。それを引き出すために、こうしたらいいのでは？」

前向きなスタンスで、多くのバンドに関わってきた。その経験値もある方たちに話を聞いていると、自分の抱えた状況にも折り合いがつけられるような気がしていって……。

たとえば、スタッフの方に言われて印象的だったのは「いいボーカルほど、ドラムにはうるさい」。

歌で伝えたいことが明確にある。そんなボーカルは、「伝えたいこと」に一〇〇パーセント集中したい。自分の間合いで歌いたいんですよね。

そこで、ドラムがちがう間合いを渡してしまうと、そこが気になって、いいものが出せなくなる。

「そこまで考えているボーカルは、いいボーカルなんだから、ドラマーは、ボーカルの気持ちをわかってあげたほうがいいんじゃない？」

ドラムからしたら、ボーカルのそんな気持ちなんて、言われなければずっと「わからないまま」なんです。

むしろ、間合いについて注文をされたら「うーん、ダメかぁ」と、ドラムへの個人的な「ダメ出し」と捉えてきた。でも、いまの話を聞けば、そうか、ボーカルは自分の歌の間合いを考えているのか、とわかる。

そういう話を、「ほかの楽器とのバランスで言えば、ドラムというのはこういう役割だから」と、エンジニアの方たちは教えてくれました。

そういう仕事で関わる方たちとのやりとりは大事でしたね。おれら四人のメンバーだけでやっていたら、そういうアドバイスや経験談は出てこないので。周囲の方たちのサポートにも助けられて、すごく納得して音楽づくりに関わることができるようになっていきました。

＊

小泉拓

ベースのカオナシに対しては、とくにはじめは「なんか不思議なやつだ」と思っていました。誰に対しても、敬語で喋るんです。

初対面は、「CLUB Que」かなんかにクリープハイプのライブを観に行った時。で、「今度、ライブ観に来てよ」となんとなく伝えた。

「あ、私、行けません」

はっきり、断ったんです。

「普通は、社交辞令で『行きます』と言うものかもしれませんが、私、社交辞令が嫌いなので」

おもしれぇなぁと思いました。口調は丁寧なのに、へりくだっているわけでもなく、きちんと自分を主張する。

ギターのユキチカは、「スタートライン」という、ギターが目立っているバンドをやっていました。ユキチカの演奏が、へんで「いい感じ」だった。

で、クリープハイプでは、メンバー内に殺伐《さつばつ》としたところが出てきたら、緩和《かんわ》してくれる。もしも、尾崎くんとカオナシとおれのスリーピースだったら、もっとピリピリするだろうけど、ユキチカがいることでうまく回ることが多いんです。

尾崎くんと同い年ということもあって、仲が良い。いろいろ言い合う。尾崎くんの好きなヤクルトスワローズの試合にも、一緒に応援に行く。そういう関係性は、おれから見たら、うらやましいですけどね。まぁ、おれとカオナシは「行くとヤクルトが負けることが多いから」行かなくなったのですが(笑)。

ユキチカがいなかったら、クリープハイプはもう少し、「仕事」って色が強いバンドになっていたかもしれない。もちろん、四人とも、もはや音楽がやめられなくなってから出会っている点では「仕事仲間」としてバンドで一緒になったわけですが。

だから、このバンドは「仕事のつながり」ではあるんです。正式なメンバーになったあとは、もう、メジャーに向けて頑張るしかなかった。

メジャーになったあとには、なにをどこまで頑張ったらいいのか、わかりづらくもなりました。それまで、おれはドラムを演奏しさえすれば良かったけれども、メジャーデビュー後は、雑誌の取材などもスケジュールに入ってくる。すると、質問に答えなければいけない。ラジオで喋ったりもする。

おれの場合は、やったことがなかったなかで話すわけです。しかも、メンバーどうしの関係性も、いまほどはできあがっていない時期。だから、ラジオの放送を四人でやると、多少ギクシャクしてストレスが溜まったりもしていました。

……と言うより、いま思えば、当時はおれの場合、いろんな気遣いをしてしまって、それがむしろ良くなかったんですよね。

おれとしては、お客さんは、きっと尾崎くんの言葉だけが聞きたいんだろう、と思っていた。喋らないほうがいい、ぐらいに距離を置いて取材に接していて、放送の会話にも入っていけなかった。

それが、尾崎くんとしては、「ぜんぜんそんなふうにはしてもらいたくなかった」のだろう、と、いまならわかります。でもね、そこを最初からいきなりわかるのは、おれにとってはむずかしかった(笑)。

でも、だんだん「収録の時に言おうかどうか迷ったら、言うようにしよう」と思うようになっていきましたね。

ラジオ番組でも、最初は、思ったことをすぐには口に出さず、呑《の》みこんでやり過ごすパターンが多かったのですが。でも、それを言うようにし始めた。

すると、尾崎くんがおれの言ったことを拾って、おもしろくしてくれる。ダメな発言なら、突っ込んで笑いに変えてくれる。そうか、とそのリズムがわかったのも紆余曲折《うよきょくせつ》を経てです。

あとは、繰り返すようですが、やっぱり「バンド」という曲がデカかった。あ、なるほどというバンドメンバーとのあいだの距離感が、あの曲の歌詞を読んで、自分たちで演奏して、おれのなかではっきりしたから。

尾崎くんと喧嘩をしたんです。胸ぐらをつかみあうぐらいの

メジャーデビューは、やっぱりうれしかったです。CD屋さんにCDが並ぶ。それは、すごいことですから。全国で流通する。大学の頃の友だちの実家の近くでも売っていた、と連絡も来た。それは「音楽が仕事になった」という証明なので、良かった。

それまで、同窓会などに誘われても肩身が狭くてぜんぜん行けなかったですし。もしも近況を訊かれても、前向きな話はできないだろうから、と足が遠のいていた。いま、同窓会に行くというわけでもないんですが。少なくとも「そこから逃げている」って感じはなくなった。

メンバーがそれぞれ長く潜伏《せんぷく》したあとのメジャーデビューなので、まわりのバンドマンたちからは、そういうメジャーデビューは見たことがない、とおもしろがられました。たしかに、若いバンドをレコード会社が見つけてデビューするのが、いちばん多いだろうからね。

でも、おれたちはそうではない。若さという要素で評価されたわけではない。メジャーになってからしばらくは、忙しくて余裕がなかったです。目の前にある「やるべきこと」を消化するしかなかった。

そんななかでも、尾崎くんからはいろんなアイデアが出てくるんです。売り方についても。正直なところ、そこに乗っかっていたら、いつのまにか、十年経っていたという感じでした。

尾崎くんのアイデアの出し方でおもしろいのは、なにかを思いついたら、すぐにそのプラスの面とマイナスの面を想像して、実現したらどうなるか、細かくシミュレーションしてバランスを取っていくところ。折り合いをつけるというところに、発想の豊かさや、アタマの回転の速さや、あとは、実現可能性の高さがあると思ってきました。

これまでのメンバー間のぶつかり合いについては……むしろ、「ぶつかり合いにまで行かない、そこまで行けない、そのことで悪循環が生まれる」ということが多かった気がします。

そういうなかで、尾崎くんが不機嫌になってしまう。

でも、メンバーとしては、なんで不機嫌なのかがわからない。あとで理由を聞いて、「原因はそれか」という答え合わせを繰り返していました。

そういうすれちがいを繰り返すうちに、関係性も良くなくなった時期が出てきました。倦怠期《けんたいき》のように、会話がなくなる。おたがい、なにを考えているのかが、余計にわからなくなる。

そうなると、けっこういろんなことで萎縮《いしゅく》するようにもなるんです。演奏の面でもそうでした。

そういう細かいことが積もりに積もって、ライブのあとの打ち上げで、おれ、尾崎くんと喧嘩《けんか》をしたんです。胸ぐらをつかみあうぐらいの。

それは、おれのなかでは大事なターニングポイントのひとつです。クリープハイプに入ってから、自分の感情をあんまり人にぶつけてこなかったから。でも、それができた。はじめての言い争いというわけでもなかったけれど、そこからは、尾崎くんと「喧嘩もできるようになった」。前進です。いや、「喧嘩」ではないのか。おたがいの「意見」を言い合える関係になった気がします。

でも、喧嘩した時には、「それまでの関係が浮き彫《ぼ》りになった」って感じだった。きっかけは忘れちゃったし、ふたりとも酔っていたんだけど(笑)。たしか、おれが「それが、メンバーに対する態度か」と怒鳴ったのは覚えています。尾崎くんが突っかかってきて、それでキレちゃって。

でも、その喧嘩がなかったら、関係性は深まらなかった。だから、おれは良かったと思っています。

*

バンドのファンについては、いま、クリープハイプを好きになってくれている人のことは、とても信頼しています。

ただ、さっき言ったような事情で、メジャーデビューの頃ぐらいに好きになってくれていたお客さんのことは、まだそんなにつながりを感じられていませんでした。これは、自分のせいですが。

つまり、自分自身がまだバンドのなかにそんなにがっちりと入りこめていないなかで、その音楽を「いい」と言ってくれているのなら、どうなんだ、と思っていたということです。

それは、自分の力を好きになってもらっているわけではない。おれには、もっといいイメージがあって、その演奏ができていないのに……と、素直に喜べなかった。「尾崎くんのお客さんだから」と見てしまっていて。

最近は、やっと、バンドについてくれているお客さんだと本心から思えています。お客さんと向き合って演奏できています。

そうやって、おれとバンドのファンとの関係が変化するきっかけは……いろいろあるけれども、ひとつは「自分が納得できる演奏が増えていったこと」が大きかった。

あとは、レコード会社を移籍する時期の「もめごと」もありました。その時期には、ほんとうにいろいろありましたが、バンドやメンバーにとっては、じつは良かったんじゃないかと思っています。

むしろ、そういうトラブルをみんなで乗り越えていくなかで、バンドの結束力がはっきりした。バンドに関わるたくさんの人たちの「それぞれの立場」が、見えたんじゃないですかね。推測ですが、尾崎くんにとっても、メンバーのいる場所が戻ってくる「家」だと明確になったのかもしれない。

移籍前後のトラブルというのは、構造はシンプルなものです。移籍する前のレコード会社が、おれたちに無断でベスト盤を出した。ひとこと、バンドに相談してくれたら、むしろ、ベスト盤を出すにあたってのアイデアを出して、綺麗《きれい》に移籍もできたはず。

こちらとしては、問題は明確なんです。レコード会社が、おれたちに無断でベスト盤を出した。それは良くない。ただ、当時、けっこうネットもチェックしましたが、世間的には「喧嘩別れ」みたいな話として、なぜかバンドを批判する人もいたわけです。

むしろ、「筋を通すかどうか」という問題で、こちらは被害者でもあったのですが。でも、バンドのなかから見ていると、誰が敵で、誰が味方かがはっきりわかりました。そんななかでもファンでいてくれる人たちのありがたさも身にしみた。

おれは、根本的には「敵なんていない」と思っている平和主義者だったけれども、そんな状況のせいで、メンバー、事務所、今後付き合っていかなきゃいけない人たちとの関係性を見直せたんです。

そういうなかで、尾崎くんからの「メンバーの見え方」も大きく変わっていったんじゃないのかなぁ。批判される対象としては、同じ立場なのだという。

ある日、突然、叩けなくなったんです

尾崎くんの姿勢のなかでは、ライブやレコーディングに関わるスタッフの意見を訊くことは、見習ってきました。

訊かないと教えてくれないスタッフもいます。でも、尾崎くんは自分から訊くんです。

おれは最初、「自分の出来不出来は、自分自身がいちばんわかっている」と思っていたのですが。

でも、尾崎くんとスタッフのあいだのやりとりを見ていると、「自分のなかでの成功と失敗」と、「まわりから見ての成功と失敗」とは、どうも、かなりちがうようでした。なるほど、それなら、まわりから見た状況も、知らないとソンだなぁと思うようになった。だから、客観的に見てどう捉えられるか、という意見を素直に受け入れたほうが、聴いてくれる人たちをはじめ、みんなの思う理想像に近づけるように感じています。それで、スタッフさんの話は、わりと素直に受け入れるようになってきている。

メジャーデビューしたあと、ステージまわりのスタッフさんやイベンターさんがついてくれるようになってからですかね。ドラムについて悩む時期がありました。

そのタイミングで、スタッフさんとはずいぶん積極的に話すことがあったんです。すると、「こういうバンドのこういうドラムは、こう悩んでいた」と、ほんとうに具体的に教えてくれた。それは、ありがたかったんです。

なるほど、いま抱えている問題は、けっこうよくあることなんだな、とも思えたりして。けっこう、道が細くなってきてはいたんです。プロになったあとにはマニュアルがないんですよね。だから、的確なアドバイスがありがたくもあった。メジャーデビューをしたあとの具体的な経験について相談に乗ってくれる人は、ほとんどいなくなってきていたので。たとえば、音の強弱をつけて、一曲を通してダイナミクスをつけていたのですが、「それはやらなくても、フレージングでダイナミクスはついているから」とドラムテックの方から言われたことがありました。これは、大きかった。

エンジニアの人があとで処理する時にも、楽器自体が鳴っていないとやりようがないと教えてもらったんです。こちらでダイナミクスをつけたものの、音が小さすぎたら、あとで困る。

そうか、レコーディングとは、そういうものなんだなとわかりました。ライブにしても、小さなライブハウスなら、昔やっていた感覚でダイナミクスをつけてもいいけれども、会場が大きくなると、さっき言ったようなことが大事になってくる。

演奏者のほうでダイナミクスをつけすぎてしまうと、マイクで拾う音を限定させてしまう。出ている音を消すことはできるが、増やすことはできないからです。

そうやって、もともと漠然と抱いていたイメージとはちがうやりかたを、良いものとするようにもなってきているんですよね。

そうした経験もふまえて、良いミュージシャンとはなにかと言えば……まぁシンプルに言えば、「かっこよさ」がすべてという気がしています。それは、おれのなかではバランスということなんですが。

技術が高くても、かっこよく見えなければ、おれにとっては「良くない」。でも、外見だけでも、もちろんかっこよくない。ちょうどいい感じが「かっこよさ」なので。

いい演奏については、見方が変わってきています。たとえば、ドラマーって、ついほかのドラマーに「うまい」と思われたいと思いがちで、おれもそうだったのですが、最近では、「ほかのドラマーにうまいと思われるよりも、ほかの楽器を演奏する人からすごいと思われたほうがいいな」と。

つまり、ドラマーとして「あいつより、おれのほうがオリジナリティがある」とかいう戦いのほうには、行かない。そっちは、バンドの音楽にとっては、あんまり関係ないんです。ボーカル、ギター、ベースもあるなかで演奏しているわけだから。

むしろ、フレーズを弾きやすいとかいう意味で、目立つドラマーではないけれどもいいドラマーがいて、全体のアンサンブルがいいバンドというのもあるんですよね。

そっちを追求したほうがいいかなと思うようになってきています。それも、尾崎くんからの影響が大きいんですが。

＊

これまで、ドラムで悩んだことに関しては……大きなところでは、思うようにカラダが動かなくなった時期がありました。

結局、ドラムの場合には演奏がスポーツに近いんです。練習して、自分にクセをつけるということじゃないですか。運動というものは。

それが、クセとしてついてしまった段階で、その自分の演奏が、バンドの意図としては「ちがう」となることもあります。その後に修正することが、すごくむずかしくなった時期があったんです。

そこを直していくのは、たいへんな作業でした。

一回覚えてしまったあとに「このキックの時にこっちの腕はこう叩く、という流れをやめよう」なんてやりだすと、カラダは、けっこう言うことを聞いてくれなかったんですね。へんに「カチあった」んです。こっちを変化させたら、変えなくてもいい別のところまで変わって、ガタガタになってしまった。頭で思ったタイミングでは、カラダは動いてくれない。

それで、けっこう「ドツボ」にはまっちゃった。セッティングでもなんでも、それまでの自分のやりかたとはズレてきた。

すると、普通にできていたことさえ、できなくなる時期もありまして。フィルが、自分のタイミングでは入っていけなくなったり。

そうなった時に、どうすればいいのか。これまでの、自分のなかで正解としていた感覚をいったん忘れて、もう一回構築しなければならなかったりもしました。

原因は……どうなんだろうなぁ。ある日、突然、叩けなくなったんです。精神的なモノなのか、自分の体質や体型が変わったからなのか、それまでなにも考えずにやれていたことが、できなくなった。まず、心情としては「なんでだろう？」というのがあったんです。

そこからは、自分のカラダの仕組みも、はじめから見直すことになりました。この動きの時には、どこの筋肉を使って振っている、とかいうのまで、ひとつずつチェックしていきまして。

腕をこう振るなら、こっちのハイハットが前にあると振れないな、とか。自分のカラダに対してセットがどこにあると、いちばんいい音が出せるのかな、とか。いちいち、意識的に捉えるようにせざるをえなくなりました。

なんでそうなったのかは何度も自問自答してきたのですが、単に、演奏する機会が増えたからなのかもしれません。だとしたら、いつかかならず辿り着いていた問題で、「前がうまくいっていて、あとでダメになった」というわけでもないのだろうけれども。

でも、とにかく、無意識でやっていたことをすべて意識的に捉え直して「やれるように変化させなければいけなかった」ので、たいへんでした。

スケジュールは決まっている。ライブの日程も決まっている。根本的に変化させようとしすぎて、ライブに間に合わないのもダメ。

だから、ライブまでの日数でかたちになるような改善をしなければならない。

つまり、「まぁまぁできる状態」にしておくということです。おれ自身が芯《しん》から納得できる改善まで行っていなかったりしても、ライブに間に合わせることを大事にする。

でも、長い目で見れば、すべての要素で、ドラムを叩くことの再点検をおこなうことになりました。

けっこう、カオナシに付き合ってもらってスタジオに入ったりもしていたんです。尾崎くんは「ベースとドラムがしっかりしていれば、歌いやすい」と言っていた。そこで、カオナシと合わせるのを追求した時期がありまして……。

まず、時間の流れていく感覚の「タイム感」を合わせようとしました。おれのタイム感とカオナシのタイム感がちがうというのがあったので。ほんとうにテンポが合っているのかどうかを、ふたりで答え合わせしていきました。

おれが、まずは機械で出てくるクリック音を聴きながら叩いてみる。それで、カオナシの演奏と合わせてみる。次には、カオナシがクリック音を聴きながら弾いて、おれが合わせていく。そういう作業を、交代でやったりもしてみましたね。

それから、いつもは、ドラムで叩いているだけなんですが、カラオケで自分たちの曲を歌ってみると、ボーカルが、いかにドラマーとはちがう呼吸の仕方をしているのかがわかって勉強になりました。

ドラマーは、つねにカラダを動かしているから、歌を歌う時の息の吸い方なんてしていないんです。だから、ドラムだけ演奏していてもボーカルの欲しい間合いはわからない。ドラムはドラムで、やるべきことをしているから、このタイミングで行かなきゃという動きがあるんだけど、そこのギャップで、ボーカルとドラムの合わない問題が生まれている、とわかるようにもなっていきました。

そういうことを考えたうえで、「いろんなバンドで、ボーカルがドラムにテンポで不満を言う時には、ボーカルは、テンポがクリックどおりであることを求めているわけではない」とも、わかってきました。これは、レコーディングの時にスタッフの方が言っていた。

「歌いたい時にドラムのテンポが来ていれば、かならずしも一定のテンポではなくても、ボーカルは文句を言ってこない」

そういうことか、と思いまして。

曲のなかで、バンドらしさを出すにはどうしたらいいのかと言えば……前は、歌に合わせて演奏していたらいいと思っていたんですが、そうでもないみたいだなと思うようになってきました。

ドラムが歌に合わせすぎる。すると、歌い手は歌い手のほうで、ドラムに対応して自分の間合いをズラしたりもしているので、テンポが「よれる」んですね。

おれは、そういう総点検をやる前までは、歌い手の歌い方に合わせて叩くことで「いい」と言われてきたイメージのままだったけれど、尾崎くんは、それを良しとしなかった。それで、ドラムはドラムに徹するほうがいい、とわかった。歌を聴くことは聴くが、歌に合わせすぎなくていいとわかって、あんまり合わせるのをやめたんです。

そうしたら、尾崎くんは「歌いやすくなったかもしれない」と言っていましたね。そういうのも、不思議でした。合わせないようにしていたら、むしろ、合うようになったというのは……。このあたりは、バンドによっても正解がちがうとは思うのですが。

ドラムのなにが「いい音」かどうか、に関しては、いろんな人がいろんな説明をするんですが、大事なのはどうも「打面に当たった瞬間に、振動を殺さないこと」らしいです。打面で止めてしまうと、音が止まってしまう。だから、止めるなら打面から離して止めるんだという話ですね。

それと、あんまり力一杯叩かないほうが、ドラムという楽器そのものは、よく鳴ってくれます。芯を食って、きちんと振動を起こせば、よく鳴ってくれる。いいドラマーとは……安心感のある演奏をする人かな、といまでは思います。ジョン・ボーナムだとか、チャド・スミスだとか。

さっき、中村達也さんのことを好きだと言いましたが……もっと若い頃には、ドラマーの「存在感」が好きだったんですよね。あのスタイルのドラマーでいることを、バンドが許してくれていたわけじゃないですか。

ボーカルのベンジーの歌がめちゃくちゃ個性的ななかで、ドラムもあれだけ自由にやれている、というありかたがいいなと思っていたんです。いまのおれは、ブランキーで言うと、ベースの照井利幸《てるいとしゆき》さんみたいな、うしろから支えていくというような立ち位置ですね。

「尾崎くんが思いついた時が、曲づくりの時」

クリープハイプらしさというのは、やっぱり、「尾崎世界観がバンドを回しているところ」にあると感じます。

曲づくりも、そう。前日に、なんの予告もないなかで尾崎くんから連絡が来て、「明日、

立てられない。スタジオに入れる?」という感じでレコーディングが始まるので。だから、まぁ、予定は
でも、長年付き合ってきて少しは想像できるようになってきたのは、「なんとなく、いま、曲をつくっているかどうか」のタイミングです。でも、計算や予想ではどうにもならないところも多々ある。そのあたりの「尾崎くんが思いついた時が、曲づくりの時」というイレギュラーな感じも、大事なのだろうと思います。

企業に勤めている方からすれば、そのやりかたでは予定が立てづらいから仕事にならない、と言われるかもしれない。それに、たとえば、感情をけっこうあらわにする尾崎くんの仕事のやりかたも、いまの世の中では「パワハラ」と言われてしまうかもしれません。でも、急に予定を入れるのも、怒るのも、いまでは、行動を起こすことのほうがむずかしい時代なんじゃないですか?

よっぽどやりたいことがある人でないと、そういう動きはできません。おれだったら、ここまで怒れないな、と感じることもある。それは、尾崎くんの思いの強さなので。

しかも、尾崎くんはやっぱり魅力的なキャラクターなんです。

たとえば、おれがバンドを掛け持ちしていた頃、正式なメンバーに誘ってくれた時に「拓さんは、こっち側の人間だよ」と言っていたんですよね。それが、なんか、いまでもう

れしいフレーズとして頭に残っています。

ずいぶん悩んだと言いましたが、結局クリープハイプをやるという決断に至ったのは、あの言葉が残っていたからなんじゃないかという気さえするんです。おれも、無意識でそう思っていたのかもしれないことを、えんえんと悩む前に、あらかじめ言い当てられていたと言うか。

そうやって、ひとことで納得できる言葉を出せる、やっぱり「すごい人」なんですよね。そこには惚れこんでいる。

あとは、いままで言ってきたことや、外から見たイメージとはちがうのかもしれないんですが、尾崎くんというのは、ほんとうに礼儀正しいんです。

まだ、サポートメンバーにもなる前の時期。フラッとライブを観に行って、今日は挨拶はしないで帰ろう、と階段から出口に向かっていったら、尾崎くんがパッと寄ってきた。肩をちょんと叩いて、今日はありがとうございました、とひとことだけ言いに来たりして。そこでけっこう、心を持っていかれてもいました(笑)。

単に我の強い人でもない。だから、いやな人の部分も、いい人の部分も持っていて、どちらも出せて、振れ幅がすごいんですね。真ん中じゃないんです。両方あって、どっちかなんですね。

人のことをすごく好きになるぶんだけ、関わりが深くなるなかで嫌いになることもある、みたいな。そのありかたが、すげぇおもしろいな、とおれは思います。きっと、そうやって、彼の人生を回しているんですよね。

いまの時点で、カオナシに対して思うことは……おれから見たら、すごくしっかりしていると感じるんですけど、自分では「抜けている」と捉えているらしい。たまに財布を忘れたりもする。

でも、やっぱり筋が通っている。九歳ぐらい離れているけれど、おれに、スタジオだったかなぁ、「拓さんは甘い」と言ってくれたこともあった。ハッとしたんです。当時の「このぐらいやっておけば合格ライン」というなんとなく予定調和に入っていたスタンスを、正確に指摘してくれた。

それまで、そんなことを言ってくれる人もいなかった。でも、カオナシはたくさんのことをやっているわけです。ベースはもちろん、ヴァイオリンも弾くし、曲もつくる。そういう人間に言われたからこそ「そうだろうな」と思ったわけです。

それで、いまあらためてユキチカについてなにを思うのかと言えば……尾崎くんと衝突した時に、「尾崎が怒っているのは、こうだからです」とおれに解説してくれたのは、ありがたかったなということです。

尾崎くんと同年代で、血液型が一緒とかいうのもあるのかもしれない。その指摘は自分にはない発想で、しかもやわらかく伝えてくれたので状況が良くなりました。

それから、ユキチカはけっこう、空間把握ができていないのか、おれがそこにいてもぶつかってくるぐらい、周囲の状態を見ていない。わかりやすそうな見た目なんだけど、メンバーのなかでは、むしろ、いちばん捉えどころがないというか。カラオケでも「……え、そんなビジュアル系みたいな歌い方をするの？」という意外性がありました。

ユキチカとは、音楽的な立場で言えば、メンバーのなかではいちばん遠い存在です。ボーカルとベースは、本来的にドラムと近いですから。だから、不思議な関係ですよね。

でも、ユキチカのフレーズはライブ中もかなり耳に入ってくるので、そっちに引っ張られたりもします。あんまり、リズムのことを気にしていない演奏で、「このギターのフレーズは、どういう拍の取り方をしているの？」って訊いても、わりとちゃんと答えられないことが多い(笑)。でも、その変なフレーズが魅力的ですよね。

そういう四人で十年近くやってきての実感は……ある時期まで、尾崎くんが「クリープハイプは、優しい曲や静かな曲を表現するのは得意ではないバンドだ」と思っていたフシもあったんですが、それも成立するんだ、と思うようになってくれている気がします。この十年間で、関係性が良くなって、最近では単純に、四人でできることが多くなってきましたね。

それから、時間が経つなかで尾崎くんが、この四人というバンドをどんどん「居場所」として見てくれるようになったのかなぁ、とは思います。

小説家をしたり、ラジオに出たり、ほかにもいろいろ、バンド以外の活動をしたりしてくれることは、これはおれだけでなくてメンバー全体からしてもうれしいことです。

バンドしかないなかでギスギスするのではなく、いろんな活動で刺激を持ち帰ってきて、曲づくりに入ってくれる。そういうサイクルにしても、この十年でできていったものなのかもしれませんね。

おれ、朝より夜が好きなんです

最後に、バンドというものについて言うとしたら……自分のまわりの友だちのなかには、やっているやつは、ほとんどいなくなってきています。

バンドを続けているからかっこいいとか、逆に、続けていないからかっこいいとか、そういうことは思いません。そこは、人生の選択なので、どっちでもいい。でも、音楽になかなか夢を見られない時代にはなってきたなぁ、と思います。

だから、ぼく自身としては、やれているうちは、未来のことはわからないけれども、やったほうがいいんじゃないかと思っています。

自分も変わる。状況も変わる。続けていれば、ダサい服にもかっこよく見える時代が来るかもしれない。おれが十代の頃にはダサさの象徴だった「ケミカルウォッシュ」が、のちに「あり」になっていったように。

それに、どうせみんな死ぬんですからね。誰でもいつかは「終わることができる」し、それまでのあいだの「お楽しみ」なんだから、やりたいならやればいいんだろうし、本人が潮時と思うなら潮時でいいだろう、という。

ツラい状況も、重苦しい現実も、いつかは終わります。夜が来たら、その日も終わっていく。

おれ、朝より夜が好きなんです。一日が終わった時のほうが、ホッとするんですよね。朝って、これからやることを想像して、未来を「考えなければいけない」感じ。夜のほうが気がラクなんです。

そんなふうに、後ろ向きな考えになることを、まったく否定する必要はない。ほんとうにそう思います。それに、みんな、そんなに居場所がないんだから、後ろ向きでも当たり前なんじゃないのかなぁ。

音楽についてはなきゃないでいいとは思うんです。あったら、うれしい。あったらあったで豊かになる時もある。気がラクになることもある。自分の悩みが、いかにちっぽけなものか、わかる場合もある。

自分のバンド人生の変化としては……何年か前に引っ越して、いまは一軒家を借りているんですが、家でドラムが練習できるようになったんです。

近くのスタジオに行ってもいいんだけど、家で思いついた時に、ドラムにさわれる状況になったというのは、音楽に関しては、影響がでかいです。あとは、私生活で言えば、猫を飼うようになって気持ちがラクになりました（笑）。めちゃめちゃカワイイ（笑）。

いつでも練習できて、気になったらすぐに確認できるというのはいいんですよね。なにか思いついたとしても、頭のなかのイメージって実際にやる前に忘れてしまうこともありますので。

だから、なるべく思いついたことは、スマホのなかの「メモ機能」とかで言葉にしておくようにしています。ちょっとした感覚でも、メモをしておきます。これも、ドラムを叩くことについて、なんでも意識化した流れのうちのひとつですね。

おもしろいことに、何日か経つと、メモしておいた考えもサッと変わったりするんです。だから、時系列でメモを読み直すと、自分の考え方の揺れもわかって、なるほどなぁと思います。

振り返ってみれば、尾崎くんの声の調子が悪くなった時には、おれのドラムも調子が悪かった。時期は、重なっています。ボーカルとドラムは密接に関わりあうから、おれのせいかもしれないな、と思っていました。おれはおれで、自分の修正を必死にやらなければならなかったけれども。

その頃、尾崎くんは尾崎くんで、思うように歌えなくて、ストレスがすごかった。ライブのたびに、申し訳ないなぁと思っていましたね。その時期には、やっぱり、悪循環もあって、悪い影響を与えあってしまっていた。そういうこともありましたね。

長谷川カオナシ

第二章

「ただ、ぼくは、自分も含めたバンド内の関係があんまりうまくいっていない頃のクリープハイプの音楽も、好きなんです。その時だって、それぞれ、頑張っている。『……負けるか、負けるか』という心の声が聴こえてくるような演奏だから、それはそれで、グッとくるんですけれど」

はせがわ・かおなし
ベース。ボーカル、コーラス、
ヴァイオリンなどを担当することもある。
一九八七年、東京都生まれ。
「クリープハイプ」の正式なメンバーとして加入したのは、
二〇〇九年の十一月十六日から。
インタビューを収録したのは、二〇一九年の三月二十日だった。

パンクを聴いて、「音楽って、寛容なのだな」と感じたわけです

音楽を始めたのは、小学生ぐらいの頃です。ピアノとヴァイオリンをやっていました。小学校のクラスに、だいたい何人かはいますよね。「親がピアノを習わせている」みたいな人。そのぐらいの感じです。その頃には、とくに「演奏が楽しい」とも思っていなかった。純粋に、習いごととしてやっていました。

ピアノもヴァイオリンも、たぶん、中学生ぐらいの頃にやめたと記憶しています。

中学生になったら、軽音楽もそうですが、いわゆるＪ－ＰＯＰと言われる音楽に興味を

持ちました。だんだん、「高校生になったら、バンドというものをやってみたい」と思うようになった。

ただ、同じ「音楽」というカテゴリのなかでも、前にやっていたピアノやヴァイオリンのことは頭のなかにはなくなりました。そういう楽器を弾きたいわけではなかったから。やりたかったのは、ポピュラー音楽で演奏されているような楽器です。エレキギターでもエレキベースでもなんでもいいから、とにかく「電気を通す楽器」みたいなものを弾いてみたい。それで、ロックバンドをやってみたいな、と思っていました。

高校に入学したあとは、「グループを組んで、音楽をやり始めた」という意味では、さっき言ったような望みのとおりになりました。

でも、そもそも、バンドっていうのがどういう編成で成りたっているのかもわからなかったのもあって、私が友だちと一緒にやりだしたのは、アカペラのグループでした。当時、アカペラが流行っていたんです。

ただ、そのグループでは、一年間ぐらいかな、アカペラをやってみたんですが、どうも「なんか、ちがう」という感じでした。

その一方で、高校の文化祭では、友だちがやっているバンドのライブを観まして。楽しそうで、「あ、こっちだった」と思いました。

そこからは、エレキベースを持ってバンドを始めています。

やりだした頃から、いきなりおもしろかったのか、といえば、そうですね。私にとって、バンドでは「役割を与えられる」というところが、すごくうれしかったです。

アカペラグループのなかにも、いちおう、パート分けによる役割分担はありました。しかし、音を鳴らす道具は、みんな同じ、体から出る「声」ですよね。しかし、バンドでは「楽器」という、それぞれ明確にちがう道具を持ち寄って、演奏します。

そうやって集まって音楽をやるのがはじめてだったので、シンプルに楽しかったわけです。ピアノとヴァイオリンは、習っている頃は、基本的には「自分ひとりで演奏するもの」でした。

私にとっては、アンサンブルという、人と音を合わせて響かせる経験がとても楽しかった。

さいわい、弦楽器にはヴァイオリンの練習で触れた経験もあったので、通じるところもあった。そういう面での慣れは、ベースをやるうえでもわりと役に立ちました。

クラシック音楽の楽器やアカペラ音楽の合唱といったジャンルから、いわゆる軽音楽に移ってみて、あらためて強く感じたのは「音楽って、すごく自由なんだ」ということです。

音楽の趣味も変わっていったんです。なにげなく聴いていたJ－POPとは、ちょっとちがうものを聴き始めました。具体的に言えば、バンドの仲間たちに教えてもらった、パンクなど。

パンクを聴くようになると、「このジャンルでは、歌がうまくなくてもいいのか。音楽って、寛容なのだな」と感じたわけです。これは大きなショックで、認識がかなり変わりました。

クラシックやアカペラの世界では、うまさをめざすのは当たり前でしたからね。そのために訓練をする、という音楽に見えていました。うまくなければ、スタートラインに立てない音楽。でも、パンクなどのように、「時には、技術からも自由でいられる存在」であるのが音楽だなんて、ものすごくいい。

それって、音楽の話だけではなく、うれしい発見でもあったんです。たとえば、私は中学生ぐらいの頃まで、好きではなかったにもかかわらず、「スポーツができなければならない」と思い込んでいました。

小さい頃って、学校のクラスのような、とても狭い世界に属していますよね。だから、運動のできる人が「上」である、というような価値基準を暴力的に押しつけられることもある。

そして、小学生の頃には、いやがりながらも、そのルールに従わなければならなかった。

というか、まるで従わなければならないかのように「思い込まされていた」。

でも、「そうじゃなくてもいいんだ」と気づけたのは、バンドを始めてからなんです。

価値観はひとつではない。ひとつだけのルールに、「絶対に従わなければならない」わけでもない。

そういう、物事に対する根本的な考え方を、私は、音楽をきっかけにして理解できるようになっていきました。

音楽をやるとしても、「かならずしも、歌がうまくなければならない」わけではない。そこには、解放感があった。

シンパシーも感じました。そうやって、さらに音楽を好きになっていったような気がします。

*

高校生の頃にやっていたのは、よくある「同級生とのコピーバンド」です。「たまには、オリジナルの曲をつくってみよう」という時もありました。

何曲かつくって、ライブのなかでそれを演奏してみる。そんな機会も、ありました。

それでも、基本的にはコピーバンドだから、よく知られているバンドの曲を演奏していて。ただ、ライブを一時間ぐらいやるとしたら、そのなかには三曲ぐらい、バンドメンバーでつくった曲も入れていた。そのぐらいの感じです。

当時のバンドを「ずっと続けたい」と思っていたのかと言ったら、私は、そもそも高校生の頃には、未来のことをしっかりと考えてはいませんでした。だから、思っていたのかどうかも、わからない。

高校生の頃を想像すると、生活のなかで私にとってのバンドは、「いま、やっていると いう行為そのものに価値があり、集中したいもの」だったんじゃないのかな。

だから、その頃のメンバーに対しての認識は、おそらく無意識のうちにですけれども、「高校の時だけ一緒にバンドをやる仲間」というものだったのでしょう。同じメンバーと続けていく、みたいなことにはとくに執着していなかった。

でも、高校三年生の頃には、前の年に同じ学校から卒業していた一コ上の先輩から「一緒にバンドをやらないか？」と誘われました。

その先輩は、私のいた高校のヒーローでした。だから「そんなに光栄なことはない」という感じで、そのバンドに加入した。

そのために、高校生活の終わり頃からは、先輩のバンドでの活動を始めています。

先輩から誘われた時点での、私のやりたかったことは、「いわゆる、インディーズのバンドマンという生活」でした。そういう、「バンドマンという存在」に、一回なってみたかった。

外のライブハウスではじめてライブをすることなんかが、とくに楽しかったのですが、いろいろ刺激的でしたね。ちょうど、そのバンドに入ったあとには、大学生にもなっていきまして……。すると、自分としては、「ライブハウスでライブをやること」が、生活の中心になりました。

音楽と学業との両立は、ほとんどできなかったです。それも、バンド活動にほとんどの時間をかけていた、というよりは、そもそも「予定をうまく立てられなかった」。だんだん、学校には行けなくなって、バンドとバイトをやるだけの生活になっていきました。当時のメンバーには、ずいぶん心配もされましたが。簡単にいえば、十八歳から二十一歳ぐらいまでの私は、そうして「インディーズのバンドマン」をやっていた、ということです。

その頃にやっていたバンドは、客観的に見れば「うだつが上がらなかった」。だから、世の中でいえば、「売れないバンドマン」という位置づけのなかで生活をしていました。

私自身から見れば「生活の中心」となる活動だけれども、演奏をしていたライブハウスには、集客としては数人のお客さんが来てくれるぐらい。ライブハウスに対しては、バンドメンバーたちと一緒に「こちらからお金を払って、音楽をやらせてもらっていた」わけです。

自分たちの音楽は、世の中からはぜんぜん求められていない。まさに、尾崎さんが『祐介』という小説で書いていたような世界です。あれは、ほんとうにリアリティがあった。あういう感じです。そういう界隈に、ぼくはけっこうずっといました。

そういう環境のなかにいたので、これからどうなるんだろう、という不安もありました。とはいえ、いま、自分で「うだつが上がらない」と言ったバンドにしても、やっているぼく個人の実感としては「いいバンド」というふうに見えていました。誰にも望まれていない、と思っていたけれど、鳴らしている音楽そのものは、良かった。

そう感じると同時に、「きっと、私たちと同様に、すごくかっこいいけれども、ぜんぜん売れていないバンドって、日本じゅうにものすごくたくさんいるんだろうな……」ともわかるようになっていきました。

そういう「売れていないバンド」をやっている人たちのなかには、プレゼンテーションやマーケティングがうまくなくて、世の中に出ていない、という場合もあるとは思います。

しかし、それだけではない。

おそらく、この停滞している状況は、音楽シーンそのものが抱えている問題でもあるんじゃないか。そこから「売れていないバンド」が生まれてきている面もあるのだろう。そう感じていました。いまも、そう思っています。

当時、私が経験した音楽シーンというのは、二〇〇〇年代のなかばです。ライブハウスがバンドに、お客さんのチケットノルマを課していた。だから、お金を払わなければならなかったんです。

そのままではお客さんが入らないから、ライブハウスは、バンドのメンバーたちに入場券を購入させる。こちらからは「そうするしか、ライブハウスの営業を存続させる方法がないのだろう」と見えていました。

状況が停滞していたのは、自分たちのライブだけではありません。友だちや知り合いのライブを観に行っても、知り合いのバンドマンしか客席にいなかったりして、シーンはまるっきり閉じていました。

「対バン」としてやっているいくつかのバンドを観られるシステムにもかかわらず、お客さんはそれぞれ、知り合いのバンドの演奏が終わったら、別のライブは観ないで帰る。

ここは、空気が循環していないな、という感じがすごくあった。風通しを良くしていくべきではないか。そうも考えていました。

しかし、そもそも自分も「停滞」の渦中にいるので、そんな考えを口にしても、負け惜しみに聞こえるだろう。そういう言葉には力が宿らないだろう。

それも、同時に思いました。「いや、それって、おまえが売れないバンドマンだからそう言うだけ」と受けとられるだけかな、と。だから、黙っていました。

その後、時間が経ったら、誘ってもらって入っていたバンドのことを「いい」とは思いながら、二十一歳ぐらいには、「もうちょっと、あちこちで自由に活動したいな」と考え始めました。おもしろい人がたくさんいる世界なので、ひとつのバンドに縛られるだけではなく、いろんな音楽をやってみたかった。

いま言った「自由な活動をやりたい」という気持ちは、当時のバンドのメンバーにも、どこかのところで伝わっていたようです。だから、「おまえは、今後も、このバンドで覚悟を決めてやっていくのか。そうではないのか。返事が欲しい」とボーカルに言われました。

その頃は、自分の可能性については、まだ若いんだからいろんな経験をしたいというふうに考えていました。それもあって、「だったら、このバンドをやめよう」と。

バンドには、その意見を伝えて、脱退しました。それが二〇〇九年のことです。

バンドをやめたら、友だちがいなくなった

バンドというのは、やり始めた時には「楽しいだけ」のものでした。最初は、高校や大学に行きながらバンドをしていたので、学業などから来るストレスの発散にもなっていた。「逃げ道」にもなってくれていたように思います。

十代から二十歳ぐらいまでの時期というのは、なにをしていても、社会的に「どっちつかず」でいられたんですね。バンドも、インディーズの活動で、ライブハウスではぜんぜん聴いてもらえていなかった。でも、それでいい。

アルバイトもするんだけれども、別に偉くもなんともなくて、カーウォッシュのお店で「肉体的な労働力」として時間を売っていただけ。でも、それも気楽で良かったんですよね。ぼくの働いていたカーウォッシュのお店は、チェーン店でもなんでもない、純粋な個人経営店でした。だから、店内のルールも「その店だけのもの」って感じ。知りませんが、大きなチェーン店なら、本部から指令が来たりするかもしれないけれども、それもない。「経営の伸び代」なんかも、少なくともアルバイトであるぼくたちには、まったくわからないまま営業が続いていきました。のちに潰れてしまうのですが。でも、バンドで言ったら、インディーズなんです。閉ざされているがゆえの危険性ってどこにでもあるな、と思いながら働いていました。

ともかく、二十歳ぐらいまでは「どっちつかず」を楽しめていた。ところが、その後、続けていくうちに、バンドは、それまでのように「甘え」や「遊び」として関わるものではなくなっていきました。いつのまにか、「突っ張らなければいけない」ものにもなっていた。

ぼくの場合には、突っ張った結果、その時に所属していたバンドを、やめた。そのタイミングで、友だちがいなくなったんです。

あ、そうか、と思いました。ぼくは、バンドを通してみんなとつながっていたんだな、と気づいた。その頃から、バンドというのは、とくに「場所」なんだというのを意識してきています。

私が十八歳から二十一歳までいたのは、売れていないバンドでした。だから、周囲にいた友だちも、たいていは売れていないバンドマンばかり。

いつも、みんなでよく「どうやったら、売れるんだろう?」「このままでは、つまらないね」と愚痴《ぐち》を言い合っていた。

だから、いまはしばらく会っていないけれど、その時期に知り合った友だちに会ったら、きっと、「当時のライブハウスの話」で盛りあがるだろうと思います。おたがい多感な時期を過ごした仲間でもあり、あの時代ならではの細かい状況も、ちょっと楽しかったので。

ただ、バンドをやめたあとに、私が「友だちがいなくなった」という感覚になったことは事実です。

二〇〇九年に脱退してから、友だちのライブを観に行ったあと、その人から「いま、なにをやっているの?」と訊かれたんです。「ぼくは、バイトしかしていないよ」。その時の友だちの「目つき」が気になりまして……。こちらの考えすぎなのかもしれませんが、「たぶん、こいつと話しても、自分には利益がないだろうな」と判断されたような気がしたんです。

同じバンドマンとして、話したりして絡《から》んだりすることによって、おたがいが、ある意味では「利益」をつくっていく。たとえば、お客さんを集客しやすくなる、というような。そういうのは、音楽だけでなく、どこの業界でもあるわけです。

「でも、自分はいま、そこから一回、外れたと見なされたんだ」

そう感じました。まぁ、いまから考えたら、そんなことでぼくとの距離感を変える人とは、もともと友だちでもなかったのだろうけれども。

バンドのメンバーたちというのは、いまのクリープハイプでは、もはや「親の顔より見ている」という存在です。一緒に戦ってきて、離れないでいてくれる人たちでもあります。

仕事として続けるうちに「突っ張らなければいけない」内容も、変わってきました。

楽曲には「自分らしさ」がなければいけないと思って、それを出そうとしていたけれども、むしろ、出そうとしちゃいけないんだな、と。

周囲とのディスカッションの内容に納得しながら、「その時つくっている楽曲が求めているもの」に素直に対応していくなかで、自分らしさが、知らないうちに「出るようになってきた」という感じがあります。

音楽や演奏に対する考え方が変わってくると、お客さんのなかには、かつての自分のような世代を見かけます。

クリープハイプの音楽を好きでいてくれる人たちの層は、いまはかなり幅広いです。うれしいことに、私たちよりも年上の方もいらっしゃる。もちろん、いま話したような年齢の、二十歳前後の方たちもお客さんとしていらっしゃる。

そういう年齢の方たちで、クリープハイプの音楽を聴いてくれているというのは……「勝ってないけど、負けたくない」という人たちなんじゃないかな、と感じます。

当時のぼくと同じ。だから、そういう人たちに向けて、いまのぼくは「夢が叶う」なんて無責任に言いたくはありません。

ただ、ひとつ確信を持って言えるのは、当時、同じように「売れないバンド」をやっていた友だちの音楽もぼくは好きだったということです。彼らが生きてくれていて、ライブで演奏してくれていた曲が、励みになってきた。だから、なにかに挑戦している人たちの応援はしていきたいな、と思っています。

*

二十一歳までやっていたバンドでライブをしていたなかでは、尾崎さんのクリープハイプとも対バンの経験がありました。

「この尾崎さんという人は、勝手に売れていくんだろうな」

そう思って、ライブを観ていた。

ユキチカさんが入っていたスタートラインというバンドのライブも、クリープハイプと同じ界隈で観たことがありました。すごくかっこいいバンドだな、と思っていました。

クリープハイプをはじめて観た時には、まず、「独特な空気」を体感したんです。尾崎世界観という人物から、「ライブハウスという空間を制圧する力」みたいなものを強く感じました。

それで、ぼくはクリープハイプのファンになった。好きなミュージシャンを、歴史上の人物と同じように呼び捨てで言う感覚で、「尾崎世界観ってすごいな」と思っていました。

いま言った「制圧する力」って、ミュージシャンとしてとても魅力的です。

とくにぼくは、ピアノやヴァイオリンなどをやっていたので、「旋律の綺麗さ」や「演奏のうまさ」みたいな、楽譜やスペックで推し量れてしまうたぐいの力も、いいなとは思っていました。でも、そこは「技術的にわかる」という感じにとどまるんです。理由のあるうまさだから。

その一方では、高校生の頃にパンクに惹かれたと言ったように、ぼくは、そうした「推し量れてしまう力」だけではない魅力も、音楽からは感じたい。そうも思っていました。

そういう気持ちでライブを観てきたなかで、クリープハイプの音楽の「良さ」は、まさに楽譜やスペックでは計測不可能なものだったんですね。そこに、惹かれました。

クリープハイプの音楽は、すごく音がでっかいなぁ、みたいな際立《きわだ》ってわかりやすい特徴があるわけではない。また、技巧的なうまさが売りというわけでもない。

だから、「あ、このバンドのすごさって、単に『力』と言うしかないぐらいの、尾崎世界観の剥《む》き身の力強さなんだろうな」と思った。

多くのバンドにとっては、身につけようと思っても身につけられない、シンプルで強い力を持っているのではないか、と感じたのです。

短絡的な意味も含めて、世間で「カリスマ性」なんていうよくある言葉でほめられているような力なのかもしれない。

それで、ちらっと言ったように、「そうか、こういう人が売れていくのだろうなぁ……」と想像していました。

*

高校生の終わり頃から入っていたバンドのなかでの、ぼく自身の演奏というのは、いまよりもずっとシンプルなものでした。

入っていたのはスリーピースのバンドです。そこのギターボーカルには、具体的に表現したいものがあった。だから、ベースはそのための基盤であればいい。それが、バンドの大きなありかたでした。

そうしてシンプルなニーズのなかでベースを弾くことも、すごく勉強にはなりました。ただ、次第に、「そうではないこともしてみたい」という動機も出てきて、やめることになっていったわけです。

つまり、音楽的には、その時期のぼくの演奏を、それ単体でライブなどで観ていても、きっと「おもしろいことをやっている」とは、なっていなかったんじゃないのかな。

自分の自覚としても、そんなにおもしろいベースではなかったような……。

だから、何回か対バンをするなかで、少し話すぐらいの関係にはなっていた尾崎さんから、じかに電話がかかってきて、「クリープハイプのサポートメンバーをやってくれないか？」と誘われた時には、「意外だ」「光栄だ」という気持ちしかなかったですね。

SNSなどを通して、知らない人たちから声がかかるようになりました

二〇〇九年にバンドをやめたあとの活動としては、しばらくは「バイトをしているだけの人」になりました。

でも、音楽を続ける準備はしていた。

誰かのバンドでサポートをしてもいい。自分で曲をつくってもいい。それで、ひとりでライブをしたっていい。そうやって、ゆっくり活動していこう。そう思っていたんです。

二〇〇六年の六月ぐらいに、友だちから、「おもしろいミュージシャンがいる」と教えてもらいました。HONZI（本地陽子）さんという方で、フィッシュマンズや、UAさんのライブで、ヴァイオリンを弾くなどのサポートミュージシャンをされていました。

そのHONZIさんが、自分でヴァイオリンを弾いたり歌ったりしているライブ動画を、友だちに観せてもらったら、すごく良くて。

ライブで組むのは、ピアノだったり、ベースだったり、そのつどちがうメンバー。HONZIさんは、そのつど、自分の好きな人たちと集まって、音を鳴らしている……。魅了されました。HONZIさんは、そうやって個人的にライブで演奏して、楽しんでいた。それから、サポートの要請も、あればプロとして対応していた。そういう自由さのある活動こそが自分のやりたいことなのかもしれない、と思ったんです。

HONZIさんの映像を観て、「そういえば、ぼくも子どもの頃に、ヴァイオリンをやっていたっけ」とも思い出した。久しぶりに、ヴァイオリンを弾いてみました。

すると、ベースとちがって主旋律を担う楽器なので、やってみるとそこが新鮮で、「へぇ、おもしろいなぁ」という感覚もありまして。よし、これからは、ベースだけではなくヴァイオリンの演奏もやっていこう、と思うようになりました。

だから、ぼくはブログを始めて、「自分はそうやってひとりで活動しています」と発信してみたんです。

すると、望みどおり、その頃に流行っていたミクシィなどを通して、「この日のライブで、ベースを弾いてほしい」だったり、「ヴァイオリンで録音に参加してほしい」というように、知らない人たちから声がかかるようになりました。よし、いいぞ、という感じです。

そう思ってすぐぐらいの時に、尾崎さんから電話がかかってきた。

「いま、クリープハイプはサポートメンバーと活動しているんだけど、次のライブに来て、ベースを弾いてもらえないか？」

え、ぼくの好きな、ファンとも言えるあの尾崎世界観のクリープハイプから、サポートになってくれって電話が来たの……？

驚きました。それをきっかけにして、クリープハイプと深く関わり始めたんです。

＊

いまは、謙遜《けんそん》するわけでもなんでもなく、個人で音楽活動するというのは「ないだろう」と思っています。クリープハイプのなかでやりたいことが、どんどん生まれているところなので。

それに、のちに尾崎さんという才能と一緒にバンドをやるようになって、「モノがちがいすぎる」と痛感したことも大きいです。

でも、その前の段階では、自分なりにゆっくり個人活動をやろうとしていた時期があった。その頃に尾崎さんから誘ってもらった。それで、クリープハイプには、サポートメンバーとして入らせてもらったという経緯がありました。

はじめてサポートに入るにあたっては、準備のために、尾崎さんはもちろん、ユキチカさんも拓さんも加わるという、いまの四人のメンバーでリハスタジオで大きい音を出してみたんです。

自分としては、脱退してから、スタジオで大きい音を出すのも久しぶりだったこともあって、「やっぱり、バンドって楽しいなぁ」という感覚が、まず、ありました。大きな音で、ベースを鳴らしていること自体が、そもそもおもしろい。

それから、周囲の音を聴いてみたら、みんな、クセの強いミュージシャンだなぁ……と感じました。それも含めて、ぼくとしては、そのスタジオではとにかく感動ばかりでしたね。

あえてフルネームで言いますが、「あの尾崎世界観と音を出せる」っていうので、スタジオに最初に入ったところからうれしかった。

当時、尾崎さんと飲みに行ったりした経験は、まだなかったと思います。何回か話したことがある程度ではあったけれど、それでも、はじめてライブを観てから何年かは経っている……。

尾崎さんの普段のありかたも、まるで知らない頃です。ライブでの第一印象は「こわい人」でしたが、「人に気を遣う方なんだな」と思いました。気さくな人だという感じもあって、意外でした。

私が、当時、拓さんに「おれの入っているバンドを聴きに来て」と言われて、断っている、と昨日、拓さんから聞いたんですか？

覚えていなかったのですが……いま、その話を聞くと、自分を「失礼なやつだな」とは思います(笑)。

でも、きっとそれも、友だちがいなくなった経験もあって、「ほんとうのことを言うようにしていた」のかもしれません。

さっき言ったように、「バンドを離れたから、と離れていく人は友だちではなかったとわかる」わけですが。でも、二十一歳ぐらいで、そういういやなことがあったので、自分からは嘘をつきたくないな、と意識していました。

好きな人としか、遊ばない。好きなものは好き。まだわからないものは、わからないままにしておく。嫌いなものは、嫌い。

自分のスタンスとしては、ひとつ、そうやって「自分のままでいよう」というのがありました。でも、それにしてもぼくは拓さんに、なんで「ライブに行かない」って言ったんだろう……？

ともかく、四人で音を出した時には、ぼくの知っている何年か聴いてきたクリープハイプの音とはだいぶちがうと感じました。

それまでのクリープハイプの音楽は、ぼくからの感覚としては、もっと「細くて、トガっているもの」でした。

尾崎世界観の「鋭さ」に、その頃のベースとドラムが付随することで成りたつ、スリーピースのバンド。それこそが「ぼくにとってのクリープハイプ」で、なおかつ、「このバンドの正解」だと思っていました。

もちろん、招いてもらっているから、こちらはベースを弾くわけだけど、この四人でのフォーピースバンドでは、前までのあの雰囲気にならないままだ……とは、ひそかに心配していたんです。

「音楽をやる責任」みたいなものは、大事な気づきでしたね

その後、どういうふうに四人のありかたが変わって、クリープハイプというバンドへの

認識が変わっていったのかについては……いろいろなやりとりを経ています。

個人的に言えば、メジャーデビューしてしばらく経った時点でさえも、私は、もともとのクリープハイプのイメージをわりと大切にしていました。それが、「そうではなくなっていった」のは、尾崎さんとディスカッションを続けるうちに、です。

尾崎さんは、なぜ、それまでのメンバーの人たちとではなく、ぼくたち三人のサポートメンバーと演奏しようとして、のちに「正式なメンバー」にまでしたがったのか？ その意図が、だんだんわかってきたんです。

それは、たぶん「もっとデコボコしたバンドをやりたい」のだろうな、ということです。そう感じました。

だから、いまのバンドのありかたは、ぼくの知っていたクリープハイプではないけれども、「それがいいのだな」と思うようになった。

ぼくは、それまでのクリープハイプのファンでもあったから、そこをわりとあとまで気にしていたんです。

尾崎さんのこれまでの音楽に対しても、ぼくと同じようなファンがついている。その人たちがバンドのこれからに期待している気持ちは、痛いほどわかる。そこで「ぼくだったら、ありかたが変わったらいやだと思うだろうな」とも、思っていた。……そういうなかで、はじめは「前からの持ち味を生かそうとしていた」という話です。

尾崎さんのことについて、こちらとしては「これから、勝手に売れていくのだろう」と思っていたとおり、当時すでに、ぼくがサポートメンバーで入る前から、尾崎さんは上り調子でいろんな試みをしていました。

クリープハイプの『When I was young, I'd listen to the radio』(二〇〇九年)というアルバムは、ぼくたち三人が入る前にインディーズで出ていたのですが、すごくかっこよかった。あのなかでは、ぼくたち三人とはちがう編成の「新世界リチウム」という三人がバックについて演奏していたんです。「このメンバーでやればいいのに」と思えるほど、良かったんです。あのアルバムで、追い風が来ている感じでした。

バンド活動におけるいま言ったような「風」って、やっぱり、いちばん「吹かすこと」がたいへんだと思います。

そして、ぼくはそういう「風」が明らかに吹いている時点で加入したので「もう、乗るしかない」。いい状況ではあるんですが、個人的には、その「風」を吹かせる立ち上げの時期には、いられなかったなというのもあった。そのへんを気にしながら、活動に加わっていました。

そういうなかでは、バンドをまわりで支えてくれるスタッフの人たちというのも、われわれ三人が加入してからさらに増えていったように感じます。

それまでの自分は、十代の延長線上で「わがまま」でいたかったんだけれども、そういうものじゃないんだな、とも思うようになっていった。責任感というものも、少しずつですが感じ始めていきました。

その「音楽をやる責任」みたいなものは、大事な気づきでしたね。自分のためだけにやっていたらいけないんだな、と思うようになったんです。それが、正式なメンバーになるあたりでの心境の変化よりも、もっと大切な変化だったように思います。

＊

おとといのライブのＭＣで、尾崎さんは、メジャーデビューをする前後の時期について、話していました。

ぼくも、いちおうインディーズの時代にメンバーとして加入しているので、そのあたりのバンドのありかたを体験しています。

そういう意味で、ぼくにとって、尾崎さんがおとといのＭＣで話していたような緊張感にあたるものは、なにかと言えば、やっぱり、サポートメンバーとしていちばん最初にライブをやった時の感触かもしれません。

いろんな気の張り方というものがありますが、個人的には、あの頃が、いちばん「気を張っていた」んじゃないのかなぁ……。

そもそも、サポートメンバーとして、お客さんに向かうわけです。その意味でも、まず、自分のお客さんとは言えない。

来ている人たちに対して、どういうものを渡せるのだろうか?

もちろん、「尾崎世界観とバンドをやれるのだから」、サポートは、やってみたい。でも、同時に、自分もそのひとりである、ファンの気持ちを思えば、居心地が悪いなぁ、という。だから、お客さんに対しては、ライブを観てくれてありがとう、とは思うけれども、自分のお客さんとは感じられていなかった。

大事な時期が来ている尾崎さんのためには、ヘタを打てないとも感じていた。つまり、「仕事としてもらっている演奏」とも捉えていた。そんな「気の張り方」がありました。

何回かサポートでライブをやったあとには、夜、尾崎さんから電話がありました。「正式なクリープハイプのメンバーとしてやってほしい」という電話で。

ぼくは、ふたつ返事でした。フリーでしたから。

それに、お客さんに、どういう距離感で感謝していいのかわからないのは、気持ちが悪かった。正式なメンバーとしてなら、お客さんとも堂々と向き合えるだろう。

「それに、きっと、こんなすごい人とバンドをやれるのは、人生で一回しかないだろう。できるところまでやってみよう」

そんな気持ちでした。

どこまで行けるかはわからないけれども、少なくとも、尾崎世界観に「もう、ない」と最後通告を突きつけられるまでは、絶対に食らいついてやっていこう、と思っていました。

だから、正式メンバーになることについては即答です。

尾崎さんのほうは、その頃の私の活動を知っていて、「いろんな人と個人的にライブをやることは続けてもいいから、クリープハイプの正式メンバーになってほしい」とも言ってくれていました。

もちろん、ぼく自身としては、その時点まで、自分の好きな友だちと音を鳴らしたいと思っていたわけです。

しかし、尾崎さんやクリープハイプというバンドにとっては、これからの時期は「見え方」がさらに大事になるだろう、ともわかっていました。だから、ぼくのわがままで、バンドのブランディングを邪魔《じゃま》してしまったら、良くない。

それまで個人的にやろうとしていたライブは、「いま、やることではないな」と判断しまして。そこからは、クリープハイプ一本にしぼった活動をすることに決めたんです。「バンド」という楽曲でも歌われている、ぼくたち三人が正式に加入することになった日のライブでは、それが企画ものだったのか、自分たちのライブだったのか……どちらにしても、トリを務めたんです。

普通に本編のライブをやって、アンコールでお客さんの前に出ていった時に、尾崎さんがぼくたち三人について「正式なメンバーになります」と発表してくれた。

客席からは、尾崎さんが書いた「バンド」にあるように、やっぱりすごく長くて温かい拍手があったんです。

こんなに温かい拍手があるんだな、と感じました。その後は、「蜂蜜と風呂場」をやったんじゃなかったかなぁ。そのアンコールの演奏も、高揚しました。

その日に正式なメンバー入りを発表することは、決まっていました。アンコール前までの演奏は、いつものようにピリッとしたライブになっていました。

だからこそ、温かい拍手が印象的だったんです。

ピリつく感じというのは、ぼくから言うなら「当時のクリープハイプらしさ」でした。ライブ中に、お客さんもバンドのほうでも「笑顔になる」のは、メジャーデビューしたあと、という感じなんです。「お客さんの手が上がる」というようなライブらしい動作も、インディーズ時代にはなかなか見られなかったぐらい。

クリープハイプのライブは、お客さんの表情や動作だけでは「うれしいのか、なんなのかわからない」という状態で進んでいく。

ぼくはファンのひとりとしてクリープハイプを観てきたので、お客さんの気持ちがわかっていました。「やばすぎて、笑顔になったりしている場合ではなかった」から、観ているしかないという。そういうバンドのライブだったように思います。


あの頃は、メンバー間での会話が、ほんとうにほとんどなかったですからね

正式なメンバーになったあとには、クリープハイプというバンドの名前に、四人ともが責任を持つことになりました。

その当初から、尾崎さんも、ユキチカさんも、拓さんも、それぞれ個性的な音は出していました。けれども、はじめは、その「音のデコボコ」よりも、むしろ、「メンバー間の精神的なやりとりの距離感のちがい」のほうが、問題としては大きかった。そういう時期が、わりと長く続いたように思います。

新しく入った三人のメンバーたちは、「お客さんをはじめ、外から見たクリープハイプというバンドへの期待は、おそらく尾崎世界観ひとりに集中しているだろう」と捉えていた。

しかし、尾崎さん自身は、まだ加入したての段階から、ぼくたちメンバーからのちがう意見や、「それは、間違っている」という指摘なんかを欲しがっていたように思うんです。

これは、あとで、いままでのバンド内のコミュニケーションを振り返って、そう思うことなのですが。

つまり、尾崎さんは、もっとデコボコしたやりとりを求めていた。バンドとして、おたがいにもっと指摘しあったり、話しあったりして前に進んでいきたかったのだろうと思います。その後、実際にそうなっていったのは、尾崎さんにとって良かった。

でも、ぼくたち三人が正式に加入してからメジャーデビューまでは、比較的「すぐ」だったこともあって、指摘しあう関係にはなれていなかった。バンドとしての人間どうしのディスカッションを充分にしないまま、メジャーデビューをしてしまったところもあったように感じます。

そこのところを、尾崎さんは、おとといのＭＣで言っていたんじゃないのかなぁ。

尾崎さんには、当初から、私たちメンバーへの期待があった。しかし、それと、外から見られていた「クリープハイプとは、尾崎世界観の個性が際立つバンドである」という当時のイメージとのあいだのバランスが、悪いままだった。

それが、メジャーデビューの頃にバンドが抱えていた問題の、根幹にあるものだったように感じます。

メジャーデビューをしたら、音楽は名実ともに「仕事」になりました。ぼくもそうでしたが、そうなると、メンバーもそれぞれ、プロとはどんな存在なのか、音楽を仕事にしていくとはなんだろうか、といった自問自答があったように想像します。

ぼく自身としては、その頃には「音を出すことがプロだ」というところにだけ特化して、やるべきことをしぼっていました。そして、感情については、シャットアウトしておこう、と。

それが、あとから思ったら、バンドにとって「良くないこと」でしたね。こちらの感情を出さなければ、バンド内のやりとりは循環しなくなっていったので。

つまり、急に「プロです」と言われてメジャーデビューはしたものの、今日からプロとしてすぐにうまくやれるわけもなく、いま言った「感情をシャットアウトする」なんて意識も、当時、クリープハイプの士気に干渉した理由の一端になっていたように感じます。

そのへんは、なんと言うのか……あの頃は、メンバー間での会話が、ほんとうにほとんどなかったですからね。

そういう状況のなかでは、ユキチカさんが、頑張っていました。頑張って、みんなと会話をしようとしてくれたり。個人的にメンバーに会いに行こうとしてくれたり。

誰かにそう言われたからとかではなく、ユキチカさんがみずから行動することで、次第に、バンドのなかで空気が循環するようになっていった。「社会の窓」という曲を出したぐらいの時期(二〇一三年三月)に、なんと言いますか、バンドの「らしい音」を出せるようになったと感じましたね。そこは「人とコミュニケーションを取る」ということについての、ユキチカさんの才能のおかげかな、と思いました。

ユキチカさんが空気を循環させてくれたおかげで、音の方向性についても「こういう音を出していこう」と決めるというよりも、むしろ、「このバンドらしい音をそのまま出せるようになっていった」という感じです。

ただ、ぼくは、自分も含めて、人間関係があまりうまくいっていない頃のクリープハイプの音楽も、それはそれで好きなんです。

その時の音源でも、メンバーがみんなそれぞれ、頑張っていたので。「負けるか、負けるか」というそれぞれの心の声が聴こえてくるような演奏だから、それでグッとくるんですけれども。

ぼくがバンド内で感情をシャットアウトしなくなってから、具体的に音がどう変わったのかと訊かれたら……やっぱり、まず、「感情を出すと、生み出したものがかわいくなる」ということが大きいんですね。

だから、ほんとうのところで言えば、物理的な音としては、お客さんには関係のないところなのかもしれない。

いや、でも、やっぱり、綺麗事かもしれませんが、そういう姿勢の有無って、音に反映されていくんじゃないかな、とは思います。どちらにしても、バンド内のコミュニケーションの循環だとか、音楽に対する愛情だとかいった次元の話だとは感じます。

「みんなが大きく呼吸をしている時には、短く呼吸しながら演奏してみよう」

ぼくがクリープハイプの楽曲のなかで、たまに作曲して自分で歌う時もあることについては、これは「気持ち良く歌わせてもらっている」ということに尽きます。

アルバムでも、ライブでも、あくまでも、「全体のなかの一曲ぐらい」を歌うという感じですから。そこは、尾崎さんというお兄ちゃんがいての「弟的な存在」として、楽しくやれています。

つまり、尾崎さんの曲や歌が揺るがないから、こちらはまったく、ほんとうに「なにをやっても大丈夫」なんです。だから、気持ち良く歌わせてもらっていると言いました。ただただ、気持ち良く歌っている——。

その後、クリープハイプに対して、肯定的に思えるようになっていった大きなきっかけは、そのつどのアルバムの制作過程だったように感じています。アルバムをつくるごとに、感触は少しずつ、良くなっていきました。

どんな心境かといえば、「あ、たぶんもっとわがままでも大丈夫なんだ」「……あれ、もっとわがままでもいいみたいだぞ?」「いや、さらに、自分を出してもいいんじゃないか」みたいな感じです。

いま言った「わがまま」については、尾崎さんがぼくたちメンバーに対して「要求してくれる」というところもありました。

よく考えたら、尾崎さんは、最初からずっと、そう言ってくれていたんですが。加入した時にも、意見に対して開かれていたわけで。そうか、こちらがもっとわがままに振る舞うことを求めていたんだ、と、だんだんわかっていったんですね。

そういうプロセスを経てきたなかで、バンドとしての成長を感じられたのは……たとえば、『世界観』というアルバムがそうです。それと、最新アルバムの『泣きたくなるほど嬉しい日々に』。

その二枚は、さっき言った「わがままに」という流れが完成したあとに、別のことを試みられた作品だったので。

『世界観』の前までのアルバムづくりでは、自分たちらしい音楽というものを見つけていったような気がします。ぼくの感覚で言うなら、「メンバーそれぞれがわがままにやっていくと、バンドが良くなる」という流れ。

その試行錯誤が続いて、さらに手ごたえのあったなかで、「クリープハイプらしさ」というのは、『世界観』の時点では、すでに見つかっていた気がします。

それで、『世界観』っていうアルバムでは、今度は、自分たちらしさに忠実であるだけではなくて、さらに、「今回は、アルバム全体を通してこういうことに挑戦したいんだ」という方向に向けて、音を出していきました。だから、大事な経験ができたんです。

そして、『世界観』で育てたやりかたを、さらにポップな方向で「今回はこういう音楽をつくろう」と挑戦できたのが、『泣きたくなるほど嬉しい日々に』だと思うんです。そういう意味で、大きかった。

『世界観』というアルバムの制作過程では、いまにも続くような大事な気づきもありました。

「鬼」という曲には、制作過程でスカパラ（東京スカパラダイスオーケストラ）の加藤隆志さんが入ってくださったのですが、音楽的に「バンドのみんなが、同じ大きさの呼吸をしないほうがいい」とアドバイスをしていただきまして。それは、とても大事なことでした。

加藤さんの話の意味は、次のようなことです。速い曲で、バンドのなかに、細かく、小さく呼吸を入れている人が多いとします。そんななかでは、ひとりぐらいは大きく呼吸している人がいたほうが、結果的には、お客さんにとって聴きやすい演奏になる、という。

それまでのクリープハイプの音楽には、みんなでいっせいに短く呼吸し続けているから生まれる良さもありました。でも、音楽全体のなかでは、そうではない良さもあるとわかった。そういうことにも挑戦してみたアルバムになりました。

その後も、ぼくは「逆に、みんなが大きく呼吸をしている時には、短く呼吸しながら演奏してみよう」なんて思うようになりました。あれは、長く続く、ありがたい気づきでした。

「バンド」という曲については、はじめは、すべて弾き語りでもいいのかもしれない、というやりとりをしていました。でも、レコーディングの直前に、いまのアレンジになりました。

『世界観』というアルバム全体でも、最後のレコーディングになった。その数日前には、アレンジを四人でやったんです。

レコーディングのやりかたも、納得のいくものでしたね。演奏する際のテンポについては、みんなでそれぞれメトロノームを聴きながらやることも多いんです。

そのほうが、あとでこの場所は、ほかのテイクに差し替えよう、などとパンチインするのに便利ですから。ここを変えよう、あそこは別にしよう、とやる時には、テンポは機械的に一定であるほうが、技術的にいい。

しかし、あの曲は、それをやらず、ナマで演奏したんです。そういうのも、本来のバンドっぽさがありますよね。ぼくにとっては、そういうところも「バンド」という曲の好きなところです。

そういうテンポの取り方なので、尾崎さんも歌入れの時にはすごく苦労したんですが、でも、そういうレコーディングをしたものに「バンド」って名前をつけてくれたのが、うれしかったんです。

ヒューマンエラーの危険性だってあるテンポというか、そういう人力のものづくりが好きなんだというのを、あの恥ずかしがりの尾崎さんが、正面から歌ってくれたのも、もちろんうれしかった。

あの曲のレコーディングが終わった頃には、ぼくも、このぐらいのことをやりたいな、と思いました。このぐらい、バンドメンバーを沸かしてみたいものだ、と。

＊

曲づくりのためにスタジオに入ったら、いつもは、曲をつくった尾崎さんが「どうしたらいいんだろう?」と言ったり、疑問点を言葉にしてくれます。それに対して、ぼくが「こうなんじゃないですか」って言うこともある。

それか、尾崎さんが「どうしたらいいんだろう?」と言いながら、まずはドラムのリズムを決めていく。そこでは、拓さんが具体的にいくつか音を出していく、という場合もあります。曲づくりの時には、意外と、ユキチカさんはしばらく口数が少ないかもしれません。

まずはリズムをつくってからなんですね。そうやってドラムとベースのリズムができたら、次は尾崎さんとユキチカさんのやりとりになります。

ぼくが提案するのは、たとえば、インディーズ時代のある曲のAメロで「再生ボタン」という歌詞、そこで、「さいせ、い」という譜割りだったものを、「さい、せい」としたらどうですか、といったようなことです。歌詞がいいバンドなので、ライブで耳から言葉が

長谷川カオナシ

しっかり聞こえてほしいな、と思っての、整理整頓《せいりせいとん》のための提案でした。

コミュニケーションを重ねるうえで「バンド内でいちばん年下」ということは、ほとんど気になりません。自分がいちばん年上というコミュニティに所属したことが、あんまりないので。だから、ラクです。ぜんぶ敬語で済む。

ぼくは、学生時代に「隅《すみ》っこ」にいたほうだと思うんです。だから、バンドのなかで年上のお兄さんたちが、ぼくより明るいと、うれしいんですよね。それで「不良と一緒にいた時の話」だとか、「女性の話」だとか、ぼくよりも経験豊富なことについて、あれこれ楽しく聞かせてもらっている時間が好きですね。

私が、曲づくりのなかで構成にたくさん関わるようになったのは、加入してしばらくから、「曲について、カオナシが喋っているから、まず、その意見を消化しておこう」とみんなが思ってくれて以降だと思います。

ほとんどの曲は、尾崎さんが、部屋で弾き語りで鳴らして録ってくれた原形を持ってきてくれます。それを、まずはみんなで聴く。

その後に、私は「ここのところは、たぶん、こういうことだと思う」とバンドの音として提案していたんです。それは、関わり始めた頃から、ずっとそうでした。

でも、構成って言っても、結局はその後も四人で詰めていくわけです。そこは、深まっていくコミュニケーションです。最終的には「誰が最初に喋るか」ってことにすぎない。結局は、四人みんなの考えを入れていくことになります。

尾崎さんが、弾き語りで曲を持ってきてくれる。ぼくも、思ったことを言う。それでオッケー、と決まることもあるけれど、よく見てみたら、この演奏とこの演奏の辻褄《つじつま》が合っていない、と気づくこともある。

辻褄が合えばいいものでもなく、ズレがあっても、それが良かったりもする。でも、気になるので、次にスタジオに入る時には、そのあたりを、ならしていきましょう、なんてこともあります。

曲によっては、つくりかたも変わってきます。たとえば、尾崎さんの歌は「最後に乗せる」ということもある。

すると、歌を乗せるまでの、バンドメンバー内でのディスカッションがすごく大事になるんです。歌を乗せたあとにさらに曲を良くしていくなら、そのアプローチは、もう、かなりかぎられてくるので。

そういう場合には、ぼくのベースの音としては「いくつか平べったいイメージのものを基盤に敷《し》いておく」って感じです。ユキチカさんには、ベースとぶつからないものをいくつか用意してもらっておく。

あとは、個性的な音を前に出すっていう部分は、これは全員できて、とくに拓さんとユキチカさんのいいところなので、ぼくからはそれについて口を出すことはほとんどない気がします。ぼくが言うのは、曲の整合性のところだけですから。

なおかつ、それぞれ出している音が、もともとの曲のイメージと離れた時には、尾崎さんが指摘してくれますので。

楽曲や歌詞のなかに尾崎さんらしさをどう見ているかと言ったら、ぼくとしてはまず、「音楽だけではなく、いろんな文化をよく知っているところ」がおもしろさだと感じます。そのいろんな文化のなかには、ヤクルトスワローズも、小説も、映画なんかも入ってくる。好きなものを、それぞれをかなり奥深くまで探究していて、その場かぎりではなく文化と付き合っているから、多種多様な味わいを知っているんですね。

だから、楽曲の幅の広さに、飽きが来ない。しかも、多様な曲を書くんだけれども、それらすべてに、「尾崎世界観」によって綴《と》じられていますというパッケージングがなされている。

だから、ぼくの感触としては、クリープハイプというバンドは、尾崎世界観がいるかぎりは、泉が涸《か》れることなく音楽づくりを続けられるだろうなと思います。

もしも、尾崎さんが切り拓いていくイメージにぼくらメンバーの考え方が合わなくなってきたら、ぼくらもさらに多様なものを勉強しなければ、と思うわけですが。

尾崎世界観が書いていない曲でも、「クリープハイプの音になる」というのがおもしろいなと思っています

最近の、私発信の曲のつくりかたとしては、『世界観』のあとは、『泣きたくなるほど嬉しい日々に』で一曲（「私を束ねて」）しかつくっていないので、それで言うと……基本的には、「みんなで大きい音を出せるように」と思ったんです。

つまり、こんな絵にしてください、というようにバンドが提案するというよりは、むしろ、バンドの現時点でのありかたを「そのまま、切り取りましょう」って感じでした。「いまのみんなの、こういう顔がかっこいいと思うので、こういう構図で絵にしてみた」という曲のつくりかた。

だからこそ、尾崎世界観が書いていない曲でも、「クリープハイプの音になる」というのがおもしろいなと思っています。

「グレーマンのせいにする」のような、尾崎さんとふたりで歌う曲も、ぼくは好きですね。その編成だけが好きというよりは、バンドやライブの演奏に幅を持たせてくれるので。全体的な表現に変化がつくという意味で、とても好きです。

ライブをしていて考えるのは、自分のライブって一生、ナマで観ることができないな、ということころでしょうか。だから、音の出し方も、つい最近まではステージから捉えている部分も大きかったんです。

ステージで大きく弾いたら、メンバーからは「うるさい」と言われる。けれども、ライブ会場全体の音を調整しているPAの方からは、「もっと、音を出して」と言われる。ある程度、こちらの音が大きくなければ、PAの調整による音の上げ下げそのものがむずかしくなるから、と。

そういうステージと音響の間の要求のちがいが大きくなったので、昨年からは、みんなでイヤモニ（イヤーモニター）をするようにしようとなりまして。それが実現したので、自分のパートの責任を、それぞれが、より取れるようになりました。

クリープハイプの曲のつくりかたで言えば、つい最近も、大きな発見がありました。ニッポン放送の「ショウアップナイター」という野球中継番組のためのジングル（CMを挟む際の音楽）をつくる仕事だったのですけれども。

この時には、いつもの曲のつくりかたとちがって、基本的には「ユキチカさんが持ってきたギターリフに合わせて、ほかの音をつけていく」というのを主流にしてみたんです。

今回、それはバンドとしてははじめての試みです。ジングルですから、「ニッポン放送」「ショウアップナイター」といった言葉が乗っているものと、そうでないものがある。そのへんは、内容にばらつきがあるんですが、レコーディングしてみたら、すべて、しっかり「クリープハイプの音」になっていました。いいな、と思ったんです。

尾崎さんが書いた曲や、たまに入るぼく発信の曲だけではない、ユキチカさんのギターリフを起点にした経路を通っても、もはや、なにをやってもぼくたちは「クリープハイプの音」を鳴らすようになってきているんだな、と思えてうれしかったですね。

インストの音楽で、しかも、ユキチカさん発信でさえも、さらには「ショウアップナイター」というような野球を前に出すようなタイアップの音楽であっても、充分にクリープハイプらしさがにじみ出ていた。それには、「このつくりかたにも未来があるぞ」って感じがしたんです。レコーディングの現場でも、新しい音楽が生まれていくこと自体がすごくおもしろくて、可能性を感じた仕事でした。

ユキチカさんの個性については……やっぱり、ギターって、声の次に耳に入ってくるものだなと感じます。リスナーが違和感を覚えるいちばん最初のところなので。

なんで、こんな音を出すんだろう、とぼくには思いつかないアイデアに溢れているので、おもしろい人ですね。ほんとうに、なにを考えているんだろうな、と思います。

大好きなフレーズがたくさんあるし、ユキチカさんが弾いていれば、安心できるんです。ぼくとしては、足場をつくるだけでいいというか。ユキチカさんのフレーズに相槌《あいづち》を打つだけでいい、みたいになるのは、すごいと思うんです。

そのことを、このあいだ、ジングルのことで再確認しました。サウンド面の軸を担ってくれているんだな、と思います。

*

音楽で食っていくことに関しては、二十二歳の頃にクリープハイプに入るまでは、ほんとうに絶望していました。だから、いっそのこと、ひとりで自由にやろう、と思うまでになっていた。

それで、「音楽から、一円でももらったら、もう、やめてもいいかな」ぐらいに思っていたんです。さっき言ったように、それまでは、こちらからライブハウスなどにお金を払ってやっていたので。

それが、その頃の目標。「一円でももらえばいい」わけだから、プロになるということに対しての意識は、ものすごく低かったです。

クリープハイプのサポートをやってからは、音楽で金銭が発生するようになっていった。その頃からは「音楽を仕事にするとは、どういうことなのだろう？」と考えるきっかけも、けっこうありました。

いま、音楽の仕事ということに関して思うのは、ぼく自身が、バンドメンバーやお客さんだけではなく、もっと別のところからも必要とされる存在にならなければいけないな、ということです。

これは、個人的な課題としてそんなことを考えている時期です、という話です。

ただ、そういう個人的な事情を外して言うんだったら、「音楽が職業にはなっていないけれども、演奏がめちゃくちゃうまい人」というのは、昔からたくさんいます。それも、尊敬できるミュージシャンですよね。

ぼくの近くでも、ベースがものすごくうまい友だちがいます。そういう人は、もう日本じゅうにいるわけです。そうして音楽を続けている人たちのことを考えると、「プロとは、なにをやるべきなのだろう？」と疑問に感じるところは、ずっとあるんです。

じつは、最終的には、プロとアマの垣根《かきね》は薄まったらいいと思っています。

小さい頃からスポーツが好きではなくて、勝ち負けがつかないから音楽が好きになったわけです。歌も「ヘタでもいい」という自由さに惹かれたんですから。もちろん、歌がヘタな場合には、その代わり、「伝えること」はしっかりしなければいけないというのも、パンクを聴いて、よくわかったんですけれども。

ただ、基本的には音楽の持つ、そんな「あいまいさ」が好きで関わり始めたんですよね。現時点で目の前に抱えている仕事としては、もちろんプロであり続けなければいけないとは思いながらも、プロではないものも大事にしたい。

いま言ったような意味で、多様な音楽が大事にされる世の中になっていったらいいな、と思っています。

同じ競争はしない。そんな多様な音楽も伝えていく。同時に、プロであり続ける。求められたら、それ以上のことはしなければならない。そんな感じです。

プロであることの大切さを、私に身をもって教えてくれたのは、尾崎さんですね。やっていれば、うまくいかないことも出てきますけれども、その時には、尾崎さんはポツリと「プロなんだから」と言いますので。そういう時には、「やらなきゃいけないな」って思います。

では、プロなんだからやらなければいけないこととは、なにか?

たとえば、「おれは今日、あいつに言ってやった」みたいな満足感って、あると思います。しかし、その「あいつ」がわかってくれなければ、言ってやった意味がない。わかってくれる。わかって、なにかをやってくれる。そこまで行かなければ、意味がないとも言えるわけです。絵にしても、描いただけではなく、描いたことによって、なにかが変わってくれるのでなければ描いた意味がないのかもしれない、と私は思います。

そういうなかで「伝える」までやりきるのが、私にとっての、いまの段階での「プロ」という存在です。

なおかつ、現実的なことを言えば、その「伝える」ところにお客さんからの需要があり、こちらは供給していくというバランスも生じるのが「仕事」なのでしょう。

だから、ぼくにとって、尾崎さんから教わった「プロとはなにか」は、出した音が「伝わるところ」まで行っているかどうか、なんです。その次元において、できることを続けていきたいと思っています。

バンドのことをほめられると、うれしいですね

ぼくが『ティーンエイジ・ミュータント・ニンジャ・タートルズ』をいいなと思う理由は、言葉にすると「おもしろいから」というのに近いかもしれません。

どこかのところで、馬鹿にされるような存在というのは、マーケティング的にも有利なのかもしれないな、と思います。「突っ込みどころがある」と言いますか。

たとえば、日本で大御所と言われているようなミュージシャンにしても、お客さんに崇《す》拝《はい》されるばかりではなく、むしろ、「あの人、こういうところは仕方がないな」みたいに、突っ込まれて愛されているところも、大きいんじゃないか。ネタとしての音楽として、楽しまれているという。

そういう部分というのは、「あったほうがいいのかな」とは思います。

『タートルズ』は、そもそもかなりニッチな存在なんですね。アメコミのなかでは、マーベルというすごく強い事務所があって、そこへのカウンターとして作品を出している。

プロ野球で言えば、ジャイアンツに対するスワローズみたいなものとして作品が描かれてきた。ぼくは、そういう点で応援したくなる存在です。

なんというか、「かっこよすぎないところ」もいいと思う。「応援のしがいがある」というか。あとは、分析するなら、グッズ化しやすい。

そんなふうに、好きなところは、掘り下げればいくらでもあるけれども、それこそ『タートルズ』が「ハチマキしている亀の四人組」みたいにひとことで伝えられてしまうのもいいですよね。そう言い切れるものが、ぼくたちのバンドにもあったらいいな、と感じます。

お客さんとの関係については、いまは、すごくいい時期になっていると思います。デビューしたての頃には、「好きな人が、ナマで観られて、おなじみの曲も聴けた」というだけで満足してくれるお客さんも、いまよりもっと多かった気がします。ただ、いまはお客さんも育ってきて、ぼくたちに対して、もっとクオリティの高いものを求めているな、と実感しています。

ある種のロックフェスのお客さんがそうであるような、「騒ぎに来て終わる」みたいな人たちは、いなくなりました。それはそれで、発散できて楽しかったけれども、いまは、もっと深いところを観てくれているお客さんがたくさんいるように思います。

より、四人のアンサンブルが求められているというのも、やりがいがあります。

関連して、お客さんからもらう反応としては、ぼく個人の演奏よりもバンドのことをほめられると、うれしいですね。

時々ぼく宛にファンレターをいただくのですが、根本的には、ぼくのことを好きだという話だったりもするので……。

もちろん、プロのミュージシャンですから、そういうことは言われ続けなければならないことだとは思うのです。ただ、音楽を聴いて、喜んでもらいたいと感じることもあるんです。いや、音楽をすでに楽しんでもらったうえで、そういう手紙になっているのだろうとは、わかっているつもりなのですが。

「バンドをほめてもらうこと」に近いところでいうと、クリープハイプのライブのなかでは、自分にはどうにもならない要素というものが、いくつも存在します。たとえば、歌と太鼓。

ギターとベースは、おたがいの演奏がじかに関係しあうのですが、歌の調子や、太鼓の調子は、ぼくの演奏によって、どうにかなるものではありません。

だからこそ、「今日、ボーカルとドラムがすごいかっこ良かった！」と言われると、すごくうれしいです。

いまのお客さんが、ネットでさかんに発信していることについては……基本的には、ぼくにとって、ネットはとても大事で好きなメディアなので、それに多くの人が触れていること自体が、まずは自然なことだと思います。ぼくは、インターネットがかなり好きなので。

ただ、言葉にまつわる商売のかたちも、どんどん変わっていくのだろうな、とは感じています。

音楽のレビューで言えば、かつては、雑誌をはじめとするメディアが、ほとんど独占的に大きな力を持っていた。

その後、一般的なお客さんの声が少しずつ大きくなっていって、口も大きくなっていったというのかな。

いまでは、テレビのほうから進んで、有名な人や匿名の人のツイートをとり上げて、それについて毎日のように論じている。世論というものの出方が、ある意味では、すごくおもしろくなった、とも感じます。

しかし、同時に、世論をめぐる状況は窮屈《きゅうくつ》にもなってきていると思います。「つるしあげ」も日常茶飯事のように、いくらでも起きるようになったという感覚がありますから。

ネットを通して、誰でも選んで情報に接することができるようになったものだから、それぞれの人の意見が、偏った方向にすぐに傾きやすくもなっているのかもしれない。

前なら、もっと中間の意見に接する機会があったけれども、いまは、自分の好きな情報だけを見ていたら、一方向に傾いていくわけですから。そういった変遷《へんせん》を見ているのも、インターネットに接していて、おもしろいと思うところです。

＊

いま、ありがたいことに、関わってくださっているスタッフの方はみなさん、クリープハイプはこういうバンドだから、こういう音をレコーディングしたほうがいい、というように意志を持ってきてくださっています。だから、このミュージックビデオはいまいちだったな、とかいうこともありません。

そうして、理解できたり納得できたりしていることが大事なんです。

みんなで曲を練っていく時もそうですが、つくっている曲が好きになれなかったり理解できなかったりすると、それぞれのフレーズも決まってきません。曲そのものが、どこの方角を向いているのかわからなければ、メンバー四人もまとまってこないので。

スタッフさんとの関係も、それに近いところがあります。クリープハイプのことをまわりのスタッフさんが理解してくれているのを見て、それでさらに音楽が良くなっていくのを実感すると、おそらく何事もそうなのでしょうけれども、仕事に対しては、理解と愛情がいちばん大事だな、なんてつくづく思います。

ベースという楽器の魅力については、みんなが、この楽器を通してつながってくれるのが楽しいです。

最初は、とにかく役割がありさえすればどんな楽器でも良かったのですが。それで、ベースという楽器をたまたま弾いて音楽をやるなかでは、音と音をつなげられる喜びを感じてきたんですよね。

ある友だちと、別の友だちが、ぼくを介して友だちになってくれる。そういうのは、もともと音楽抜きでも好きだったのですが、「いや、そう思うのは、それは、たぶんベースだからだよ」なんて言われることも出てきまして。

そうか、自分はこの楽器に合った性格なのか、と、よりベースという楽器を好きになっていきました。

ライブで感じることは……細かい話をしますと、むずかしい時が出てくるんです。バンドみんなのフレーズが細かく、ぶつかりそうになるタイミングです。そこでは、音が混雑するから、ぼくは小さく弾いていたりもするんですが。

すると、さっき言ったように、ＰＡが困る。混雑するけど、音はしっかり出すようにしなければ、ぼくから出ている音の調整がしづらい。

そんななかで、レコーディング通りの音量でやるとライブでは音が混雑するが、「そうではない、混雑はさせないが、しかし音は出ている」という状態を見つけることができた。

それは、経験を重ねていくと、いろんなやりかたが見つかるなぁと思いましたね。

それは自分たちの、ずっとやっているメンバーとのやりとりだから、できるようになったことなのかもしれないんですけどね。もう何年も、ほかのバンドの誰かとアンサンブルするような機会は、ほとんどないわけだから。

バンドのおもしろさは、「楽譜に書ききれないところ」

クリープハイプに、危機があったとしたらそれはいつなのかと言えば、やっぱり、ずっとライブをやってきたなかでも、「ライブをすることに不安がある」という状態の時があって、それでもライブをやらなければならなかった頃なのかもしれません。

ほんとうは、その時には、まるで「言葉を通して殴りあう」ぐらい、メンバー間でなんでも言い合ったほうが良かったんでしょう。

でも、その頃には、少なくともぼくは「いまの時点では、この状況を耐えて、クリープハイプとして存在し続けることが、いちばん大事だ」と思っていました。

だから、どうやったらバンドの状態が良くなるのかわからないし、自分はバンドのなかで、誰かの代わりに演奏ができるわけでもない。そういう時期が続いたので、ツラかったですね。

拓さんとぼくで練習したという話を、昨日聞かれたんですか。はい、練習には付き合いました。

拓さんというのも、ユキチカさんと同じように、マネができない人だなと思います。なにかツラいことがあったら電話して、拓さん、こんなことがあったんだよって言いたくなるような人なんです。

しかも、アドバイスをくれるとかいうことなんてなくても、聞いてくれるだけでいいという、そういう良さがある人で。いてくれればいいんですよね。なおかつ、元気でいてくれれば、もっといい。

それは、ドラムを叩く時もそうなんです。当たり前に、元気で大きい音を叩いてくれていれば、その演奏がすごくいい。

バンドのみんなでラジオに出演する時とかでも、そうですね。当たり前のレスポンスをしてくれれば、現場がいい感じになってくれる。だから、無理になにかをしなくても大丈夫、という。

もちろん、拓さんはいろいろ考えてやってくれているから、そうして成りたっているんだろうけれども。拓さんの持つ存在感というのは、ほんとうにマネできない長所です。

でも、その拓さんも、ドラムをうまく叩けない時期があった。

しかし、拓さんの腕が動かない、尾崎さんの声が出づらいということは、どちらも、ぼくには助けられないことですからね。

直接、ライブの場でできることは少なかった。そういう時には、自分は無力だと思いました。

ぼくは、バンドを舟にたとえるなら、仲間として漕《こ》ぐけれども舵《かじ》は取っていません。だから、お客さんからの声はほとんど気にならない。

でも、尾崎さんは、そういう声をしっかり聞いてよく気にしています。「ノイジーマイノリティなんて、気にしなくていい」と伝えても、尾崎さんは、ちゃんと気にしてそれを力にしていく人。

だから、バンドをつくる構図として、それは良いと思っています。尾崎さんがほんとうに我慢できない時には、ぼくたちが支えなければいけないでしょうけれども。

そのノイズが、マイノリティで、なおかつ雑音に過ぎないような偏ったものであっても、尾崎さんがその後にしてきた舵取りって、そのつど間違っていなかったと思うんです。お客さんの声を拾って、いい方向に行き続けている。

クリープハイプはこれまで、間違った舵は取ってきていない。だから、そういう「クレームはクレームとしていったん受け入れる」という態度は、いいなと思います。

受けとめるのもたいへんだろうから、尾崎さんには健やかであってほしいなとは思いますが。

……と、いま言ったようなことを考えてみても、ライブがたいへんだった時期には、尾崎さんが実際にお客さんからの反響をどのぐらい見ていたかはわからないけれども、ツラかっただろうと想像します。

でも、そのたいへんな時に、尾崎さんも拓さんも、それぞれ踏ん張って、方法を見つけてくれた。

だからこそ、いまのクリープハイプと、いまのお客さんがある。そこは、ふたりに感謝しています。ぼく自身は、耐える以上のことはできなかったので。結局は、感謝ですね……。

尾崎さん自身が、バンドメンバーへの言動を「パワハラ」と言っているんですか。ぼくは、そういうことを尾崎さんから感じたことがありません。と言うことは、循環がうまくいっているということだと思うんです。もちろん、そういうのが、ほんとうにあるバンドもあるとは思う。なんらかのハラスメントで続かなくなっていく、という。

それは、きっといろんな人から言われ続けているんだと思います。

はじめて見た時から、尾崎さんには、空気を制圧する力があると感じた、と言いました。

そんな尾崎さんが、自分からまわりを気にしたり、むしろ、みずからの言動を「パワハラ」と言っているのは、おもしろいですね。

＊

バンドをやることのおもしろさについては、なんと説明したらいいかわかりませんが、「楽譜に書ききれないところ」なのではないでしょうか。

音階や「どこにどのタイミングでどの音が鳴っているか」ということなら、データ化できるはずなのですが、そうではないものが、ぼくにとってはすごく大事です。

たとえば、ソロのシンガーの方がいて、そのバックミュージシャンの方たちの演奏というのはすごく上手だけれども、バンドっぽくはない。だからこそ歌に集中できて、ソロのコンサートにはとても適している、とも言えるのですが。

でも、その決定的なちがいって「におい」みたいなものでしかないんですが、説明できないものの、まぎれもなく「ある」んです。そこが、おもしろいなと思います。

バンドのメンバー間でやりとりしていることとしては、ベースだけでなく、ドラムもそういうことをよくやっているかもしれませんが、「直接的ではないコミュニケーション」が好きですね。

たとえば、誰かがすごい音が大きいから、いまはじゃあ、引っ込んだほうがいいとか。もしくはもっと、さらにベースも盛り上げて雰囲気に荷担しようとかいうのがあるんです。

お客さんの意識ともまたちがうところで、けっこう意見を伝えあいながら、やりとりができるんですよね。それも、バンドで音を鳴らす魅力のひとつだと思います。

そういうバンドのなかで、ぼくは、たまに作詞をすることもある。言葉との付き合いとしては、個人的には、ブログだったりツイートだったりというような、「インターネット上の無抵抗のなにか」に対して一方的に発信するほうが得意です。

だから、面と向かっての説明は、メンバーたちからも「ヘタだ」と言われます。でも、いろいろ話す。歌詞を記す時には、いちばん身近にいる詩人が尾崎世界観なので、どうしたって影響は受けますね。一曲のなかで、同じひとつのテーマで歌い続けると聴きやすい、というようなことを学んできました。

言葉遊びも、尾崎さんから影響を受けてのところですね。さっき話した「私を束ねて」という曲のなかでは、昔、かるたをつくろうとして書きためておいた言葉を入れてみました。「鬼の首と人の揚げ足を勘違い」とか。そういう言葉遊びを使おうと思いまして。あのへんの言葉遣いは、自分でも好きなところです。

昔から、インターネット上の言葉のやりとりが好きなんです。ネットの流行りすたりを観察することも好きで。そういうなかでは、いつも他人や自分にうまく当てはめることのできる便利なスラングは、どの時代にも、あちこちで出てくる。

でも、「いつも、言葉のほうが人間よりもすぐに死んでいくな」とは思っていました。だから、十代や二十代のような、それこそレッテルを気にする世代に、「レッテルのほうがすたれるのが早いんだ」と届いたらいいな、とも思って、この曲はつくりました。

クリープハイプのいろんな歌詞を全国のミュージアムで展示によって伝えるという、「クリープハイプのすべ展」という展覧会は、かなりいろんな人に観てもらえました。

これは、尾崎さんの書く、バンドの歌詞を認めてもらっていることの証《あかし》だと思います。だからこそ、今後は、さらにアンサンブルに説得力を持って、より「聴かせる」バンドになってやっていかないと、と思っているんです。

すでに、歌詞には定評がある。『泣きたくなるほど嬉しい日々に』で、これまでのなかでも、とくに納得のいくアルバムをつくることができた。そうであるがゆえに、これからは、演奏面がたいへんになるぞ、と武者震《むしゃぶる》いしています。ライブでも、いい表現をしなければいけない。

レコーディングなら、多少はいろんな付け加えができますが、ライブでは、まず、曲が良くないと全員が納得はできませんからね。来たお客さんが、ぼくたちの姿を観て喜ぶだけではなく、曲がしみこんでいくようなところまで、バンドの表現を深められたらいいな、と思っているところです。

バンドで集まって曲づくりをするところは、活動のなかでもほんとうに大事なところだと思います。

ぼくたちはいま、尾崎さんが「今日、曲ができた。明日スタジオで試してみていいかな？」と連絡をくれたところから、曲づくりを始めています。

これはすごくいいやりかただから、大事にするべきだと思うんです。私も、なにか思い浮かんだ時に、スマホのボイスメモにサッと録っておいたりするようなことがあるんです。鼻歌かなにかで。

そういうアイデアって、聴き直すのがあとになればなるほど、「うーん、良くないな」と思うような気がするんです。

もちろん、それがさらに熟成したら、何年も前に録ったものが「あれ、意外といいな」と復活してくれる場合だってある。でも、基本的には、あとになるほど、アイデアは腐って死んでしまうことが多いんじゃないのかなぁ。

だから、いま尾崎さんがやっているように、乗っている時につくるのがいちばんいいと思います。せっかく、四人ともがすぐに動ける状態にあるんだから、それは、そうやって録ったほうが絶対にいい。

「超人っぽくない音楽」であることが前提

昨年の終わりにかけて、ライブハウスを回るツアーを終えてからは、今年の頭まで、ゆっくりしていました。それからは、新しい曲づくりを、ちょっとやった。そして、大きなライブは久しぶりになるな、と始まったのが、おとといのライブでした。で、一本目に、納得できる活動ができたのは良かったです。

昨年は、武道館でライブをやって、アルバムをつくって、その後にツアーをやって、という流れがありました。

その秋からのアルバムに合わせたレコ発ツアーの、さらに続きというのが、おととい始まったツアーです。いいツアーにしなくてはと気を引き締めています。

ライブをおこなう会場の音響に左右されて音が変わっていくのは、それはもう、仕方のないことだと思っています。だから、おもしろいですね。

音の返ってくるスピードがちがう。こちらから発したことが、どう返ってくるのかがちがってくる。お客さんのレスポンスも、会場によってずいぶん変わります。

私は、大きい会場はゆっくりできるので好きです。これは、プレイヤー次第で、好き嫌いもあると思いますけれども。

ホールのような大きな会場では、一曲ずつ、ゆっくり演奏できるんです。どういうのが

「ゆっくり」なのかといえば、たとえば、曲の間だとか。

その時、わりと時間をかけて楽器を持ちかえたりしていても、ホールでは、その姿がしっくりくる。

ライブハウスだと、観ているほうとしては、その持ちかえの時間がけっこう気になるんです。数秒の時間が、ずいぶん長く感じる。

だから、「すぐに、次の曲をやってほしいのに」なんて思いがちです。それって、不思議ですよね。会場によって、同じ人が聴いていても思うことはちがってくるんです。

そういう意味で、ゆっくりできるホールでやるライブは、好きです。

武道館は、大きな会場というなかでも、これまたほかのコンサートホールなどとはぜんぜんちがう環境だと感じています。

音が、すごく「跳ね返る」。あんな跳ね返りが来る会場はあそこしかないから、昨年、二回目の武道館を経験した時にも、おもしろかった。

ぼく自身が武道館を「特別な場所」と感じたことはありません。武道館に大スターとかを観に行った経験もなかったですから。先輩のバンドなどは、観に行ったことがあったんですが。

ただ、武道館でのライブは、「クリープハイプにとって」は、とても大事なものにはなっていました。そういう意味では、特別です。

ぼくの個人的な嗜好《しこう》としては、特別な場所ではなかった。しかし、スタッフのみなさんの動きでいえば「武道館に向けて頑張ろう」というのが明らかにありました。お客さんも「クリープハイプが、武道館でライブをやった」ということを、一回目も二回目も、意味のあることとして大きく捉えてくれていた。それは、自分のことでもありますから、うれしいです。

普段、そんなに音楽を聴いていないであろう友だちからも、「武道館で、やるんだろう?」と連絡が来るようなこともあったり、そういう高揚感は入ってくるんです。

ぼくとしては、淡々とですが、「昔から大事にされている場所なんだな」って思った。そこに敬意を払って、演奏をしたということです。

*

あらためて、クリープハイプというバンドの魅力とはなにかと言えば、やっぱり「尾崎世界観がすごい」というのがひとつあります。

平場で、楽器を持っていない状態で会っても、人間として魅力的です。それから、つねに「トライアンドエラー」に開かれている気持ちがある。

こわがって安全なところに閉じこもるのではなく、外からの意見に開かれている。勇気を持って、そういうたくさんの人たちの「いいことばかりではない声」をモニタリングし続けて、その後がすごいのですが、反省するべきところは反省し続けている——。それが、すごいですよね。

そして、なにがポップで、なにがポップではないか、を見極め、発言する時の見る目がしっかりしています。そして、つくる曲がポップである。

音楽について、正確な指摘をすることだけが得意というプレイヤーも多いんです。これは、ポップではない、などの指摘は合っているものの、ポップな曲を自分ではつくれないという。

しかし、尾崎さんは、ポップな曲をつくれる。それも、クリープハイプというバンドの魅力だと思います。

では、その尾崎世界観という才能を持ったクリープハイプのなかで、バンドのメンバーたちは、なにをしていくのか？

尾崎さんは、バンドのことを、小さな組織のようなものだと言ったんですか？　……たしかに、小さいけれども、われわれ四人のやっていることは、組織に近いものなのかもしれませんね。

だとしたら、組織としても、尾崎さんのアイデアをもっと後押ししていくのがバンドメンバーであるわれわれの役割です。もっとこの世界で「上がる」とか「暴れる」とかいうことができたら、すごいことになるだろうと思います。


ぼくたちの音楽を、いま、いろんな年齢の方が魅力あるものとして捉えてくださるのは、「超人っぽくない音楽」であることが前提だと思います。

切れば、血が出る人間。すぐ泣く。そういう人のやっている音楽だとは、曲を聴けばわかる。それで、お客さんにとっては親しみやすいのではないでしょうか。

世代を越えて音楽を聴いてくれる、というのはすごいことです。

「トシを取ると、どんどん、新しい音楽を聴けなくなっていく」

これは、ずいぶん昔から、この音楽の世界にいる先輩方が言っていたことでした。ぼくは三十代とはいえ、「ほんとうにそうなるんだ」と、よく理解できるようになってきました。

もともと、耳がマメなほうではなかったし、これまでは、実生活で付き合ってきた人たちの影響や環境のなかで、音楽に触れてきました。いいなと思う親しい人が聴いている音楽を、聴いてきたわけです。

だから、少し若い人と知り合って、その人の聴いている音楽を聴くこともあるわけだけれども、最近では「……ほんとうに若い音楽だなぁ」と時には違和感を覚えるようになってきたりしていまして。

それは、自分でも驚きです。また、いちばんの悩みと言えるかもしれません。

もちろん、聴けないというのは、好きな音楽がしっかり築かれているからそうなってきた、という面もあるのかもしれませんが。

最近、新しく聴くのは、言い方が正しいかどうかはわかりませんが、「あまり害のない音楽」となっているのかなぁ……。

対バンさせてもらったバンドの音楽などに、刺激を受けることはあります。この数年のなかで、ひとつ例をあげるとしたら、昨年、SEKAI NO OWARIというバンドと対バンさせてもらった際、すごくいいライブをする人たちだなぁと感じまして。その時には、ぼくたちも良いライブができて楽しかった。

SEKAI NO OWARIは、クリープハイプとは持っている楽器の編成もぜんぜんちがう。そして、その「持っているもの」で戦っている感触が、ありありと感じられた。そこが、すごくかっこよかったですね。

この頃、クリープハイプのファンの成熟を感じるのかといえば、とくにこの三年ぐらいは、たしかに感じます。前よりも、お年を召《め》したというか、自分たちよりも年長の方たちを新しくライブで見かけるようになったことが、すごくうれしいですね。

さっき言ったように、ぼく自身が、新しいものを聴けないと嘆いているのに、その方たちもいろいろ好きな音楽を積み重ねてきたなかで、いま、クリープハイプに新しく出会って聴いてくれてライブに足を運んでくださっている。それは、とてもうれしいです。

男性のお客さんが増えている、と感じられることもうれしいです。

総じて、お客さんの幅が出てくるなかで感じているのは、「分析してものを楽しむ人たち」にも、喜ばれるようになってきているのかな、それならうれしいな、ということです。

たとえば、ある種の男性は、「この服を、かっこいいから買おう」とかではなく、「この服は『いい服』だから買おう」なんていう判断をしますよね。そういう意味でも、いろんな評価にさらされたなかで選んでいただく、というのはうれしい。

では、お客さんからの「人気」や「売れること」の正体とはなにかといえば、個人的には「ミステリー」なんじゃないかと思います。

なんだろう……絶対に、謎な存在でなければいけないな、と思います。だから、日常とかについては、それはブログを書いたりして、いろいろ伝えてはいるものの、「興味がつきない」というところがなければ、長期的にはむずかしいだろうと思っています。

人気というのは、「その人に興味があるということ」でもあり、「その人を知りたいということ」でもある。そのへんで、尾崎さんに人気があるのは、よくわかります。かなり掘り下げても、まだ、奥に深さがあるという人なので。

でも、この「人気」「売れること」という次元での世間との関わり方は、ぼくにとっては、クリープハイプでしかそういう勝負はできないものです。

もちろん、レコードの売れ行きによる「序列」みたいなものは、さっき言ったように、長期的にはなくなればいいと思っているけれども、「こういう人気の面での勝負は、このバンドでしかできないので、それをやろう、やりきりたいな」と思っています。

そのためには、人気についても、売れることについても考え続けなければならないって感じです。

いま、人気についてどう考えているかと言えば……ミステリー、つまり、「未知」をつくるためには、いろいろな方法があるということです。

たとえば、好奇心を抱いてもらっても、深く知り合うと飽きられるという人もいますよね。その場合には、なにに飽きられたのかと言えば、「池が深そうだと思ったら、水たまりだった」みたいなことでしょう。あるいは、濁《にご》っていただけだった。

ぼくとしては、そこで池を掘って深くしていくのも、もちろんおもしろいのですが、むしろ、濁したり、深そうに見えたり、という楽しさを見せるのも、大事な仕事なのではないかと思うんです。

手の内を見せず、池の表面を濁すかのようにしてコミュニケーションを楽しむ。それもいいような気がしています。

尊敬している表現者については……今回は、あえてインターネットの世界での話にしてみます。

インターネットでの配信っていろいろあるんですが、法人の後ろ盾のない個人がおこなっている界隈の、独特な文化が好きなんです。

配信の方法はいろいろあるから、みんながユーチューバーというわけでもなく、配信者の職業名は、まだついていません。でも、新しいマーケットになりかけている気がします。まだない職業で、お客さんも、配信者のファンでいながら「売れないでくれ」という人が多い。そこは音楽にも近いので、どこの界隈もそうなのだなぁ、とも思いますが。

自分の物販をつくって生活されている方もいらっしゃる。ゲーム実況でいえば、いまはユーチューバーでもある、しんすけさんという方を尊敬しています。配信を観ているお客さんは、しんすけさんの顔も知らないし、ご本人は声と喋りとゲームのプレイだけで勝負されている……。何度かお会いしてお話をしたのですが、セオリーのない世界で「売れようとしているところ」がかっこいいなと感じました。

大前提として、ぼくは「音楽よりも、人間のほうを大事にしておきたい」

クリープハイプというバンドでは、いろんな意味で、尾崎さんひとりにだけ、圧力がかかり続けてきました。

いろんなキャンペーンも含めて、対外的なお仕事は、すべて尾崎さんがやっていた。そこにともなうレコード会社などとのやりとりも、尾崎さんとマネージャーで、ということになっていた。

舵を切ったり風を受けたりするのは、すべて、尾崎さん。そのなかで、尾崎さんが違和感を覚えた出来事が起きた。それで、レコード会社の移籍ということにもなった。

ぼくたちは外とやりとりしてこなかったから気づけないけれども、尾崎さんが言うならその通りなんだろう、と同意してきたんです。それで、なんの異存もありません。

移籍の前後に起きたいろんなことを通して、私としては「結局、近くで一緒に仕事をしてくれる人というか、クリープハイプのメンバーがいちばん大事なんだな」とあらためて思いましたね。

やっぱり、みんな大人なので、いろんな利害関係があって社会は回っている。でも、メンバーはそういうなかでも、立場が変わりようがない。だから、信頼できる。そう実感できたことは、良かったなと思います。

企業も社会も、外部にあるものは体制が変わっていく。だからこそ、メンバーは変わらないでいることが大事である。そういうありかたを再認識できたのが、移籍だったのかもしれません。

移籍後、バンドがどう変わったかといえば、まず、四人ともが移籍にともなう環境の変化といいますか……メジャーデビューの時もそうでしたが、たいへんな思いをして、四人ともそれぞれつらかっただろうと思います。

そこは、傷を負ったという感覚がある。それでも、やっぱりみんな、バンドを続けてくれている。そこへの感謝が強いです。

今後のクリープハイプについては……自分自身に対してもそうですが、「なにかに向けて踏み出し続けるバンドであってほしい」と思います。踏み出した結果、なにかを発見できれば、それで次の表現が見えてくるのだろうから。

音楽というもの全般に対しては、救われてもきたからすごく感謝してはいますが、じつは大前提として、ぼくは「音楽よりも、人間のほうを大事にしておきたい」と思っています。

音楽を突き詰めるがあまり、心が不健康になるぐらいならやらないほうがいい。でも、お客さんには、ぼくたちという人間よりも、音楽そのもののほうを楽しんでもらいたいです。伝えるという段階では、人間よりも音楽なのですね。

それでも、音楽は、やっぱりひとつのツールだと思うんです。あくまでも、なにかの「手段」であって、「目的」そのものではない。そういうのも、すごく勇気のいることなのですけれども。ぼくで言ったら、正直なところ、「人と関わるために」楽器を持ちました。そんな素晴らしいツールに出会えて良かったな、と思っています。

第三章

小川幸慈

「ぼくが聴いて、惹きつけられてきたのは、
『夢中になって、演奏している音楽』です。
やっている人たち自身が、鳴らしている
音のなかに入りこみ、のめりこんでいる。
それは、やっぱり大事だよなと思います。
音楽に酔えていて、置きにいっていない」

おがわ・ゆきちか

ギター。一九八四年、東京都生まれ。

「クリープハイプ」の正式なメンバーとして加入したのは、二〇〇九年の十一月十六日から。

インタビューを収録したのは、二〇一九年の三月二十日だった。

十周年という、四人で音を鳴らしてきた時間の長さが効いていますね

昨年、クリープハイプは『泣きたくなるほど嬉しい日々に』というアルバムを発表しました。そのタイミングで、全国のライブハウスをまわるツアーを実施しました。その時には、新しいアルバムのなかの、いくつかの曲を、「演奏しないでおいた」んです。「お引っ越し」や「燃えるごみの日」など、日常をテーマにしたようなものなんですが。

バンドとしては、そのあたりも、かなり自信のある曲でした。それらをどうして演奏しなかったのかといえば、「アルバム発売直後のライブハウス」という空間では、まだ、表現しきれないものなのかもしれない、とメンバー間で話し合ったからです。

曲の内容としては、むしろ、そんな日常的でポップなものほど、『泣きたくなるほど嬉しい日々に』ならではの音楽になっていたと思っています。だから、レコーディングの時点から、すごく手ごたえがあった。クリープハイプにとっては、「新境地」と言っていいものだったので。

ただ、いま言ったような理由で、ライブハウスをまわるツアーでは、演奏することはせずに、セットリストからはずした。それらの曲の数々を、おとといからの「追加公演」にあたるホールツアーでステージに乗せてみたんです。

そうしたら、「お引っ越し」も「燃えるごみの日」も、いい感じで演奏できました。時間を置いて、きちんと表現できるようになったということは「いい感じだな」と思っています。

ライブハウスのお客さんたちは、狭い空間のなかで「ミュージシャンとの距離の近さ」を楽しめて、臨場感を味わえます。一方で、ホールのお客さんたちというのは、広い空間のなかで「ゆったり、純粋に聴くこと」に集中できます。どちらの会場でも、ライブにはそれぞれに味わえる楽しみがある。

で、さっき言った「お引っ越し」や、「燃えるごみの日」のような曲は、おととい、ホールのお客さんたちにこそ、しっかり届いていました。それをライブで演奏しながら感じられて、とてもうれしかったですね。

アルバムでつくった曲の奥行きが、時間の経過とともに、さらに広がって深まっていた。そんなふうに思えて、おとといはホールツアーの最初の手ごたえを感じていたところでした。

クリープハイプを聴いてくれているお客さんたちの層は、メジャーデビューをした頃といまとでは、かなり入れ替わってきている気がします。その入れ替わりも、一回ではなく、何回もあったように感じています。そして、昨年アルバムを発表したあとには、お客さんの層がさらに広がって、若い人もさらに増えています。

もちろん、いままで聴いてくれていた人たちも聴き続けてくれています。しかも、最近の動きで「……おやっ」と気づいたのは、ぼくよりも年配の世代の方々も含めて、かなりいろんな年代の人たちがライブに来てくださっていることですね。

昨年の後半、ライブハウスをまわっていたツアーの会場でも、「たぶん、ひとりでいらっしゃったのだろう」というおじさんが、前のほうの真ん中で立って、しっかり聴いてくれていたりして。その方からしたら、もしかしたら「息子ぐらいの世代」であるぼくたちのライブに来てくれるなんて、それは、ほんとうにうれしかったんです。

クリープハイプのなかで、ぼくが弾くギターの持ち味については、時間が経つうちに、自然と「不規則なギターリフを入れこむ」みたいなところと言われるようになってきています。

*

そこは、自分自身でも自信を持ってやれているところです。バンドの曲が始まった時、いちばん最初にお客さんの耳に食いこむ、いい意味で「違和感」を与えることができる音なので、ギターリフなどのフレーズはかなり大事につくっています。

曲づくりの時にも、最近では、「不規則でへんなフレーズ」ではあるけれど、だからこそ、むしろ慎重につくっているところがあるんです。これまでに弾いてきたフレーズに近いものなら、新鮮に響かないので。そのあたりを「クセ」でいつものように弾いていないかな、とは気にしていて、でも、やっぱり「へんな感じ」の音を入れていく。

ギターリフを入れるのは、尾崎がつくって持ってきてくれた曲を聴いてからです。メンバー四人で一緒にスタジオに入って、その場でパッと思いついたフレーズを使うこともあります。第一印象というのか、スタジオで最初に音を出してみた時の感覚も、大事ですので。

あ、さっきカオナシにインタビューをしていた時に、「ギターリフをきっかけにしてジングルをつくった話」について聞いたんですか？

そうなんです。つい最近、みんなでつくった、ニッポン放送の「ショウアップナイター」のジングルに向けては、ぼくはギターリフをつくって持っていって、レコーディングに臨みました。楽しかった。

いままでのぼくは、クリープハイプの曲づくりのなかでは、「ゼロを一にする」ような関わり方はしてきませんでした。それよりは「一を、十にでも、百にでもしていきたい」という感じで、レコーディングに臨んできた。だから、尾崎の作詞作曲、カオナシの構成の上に、妙なフレーズを積み上げてきたわけです。

そのためには、「いいリフを貯めておかないとね」って感じなんです。家でギターをひとりで弾きながら、ギターリフの「原形」みたいなフレーズを準備しておくことも、よくありました。

「ショウアップナイター」のジングルづくりでは、そういう「ネタを貯めておく」のに近い作業を、家でしっかりやっておいて臨んだわけです。ナイターの音楽には、どういうギターリフが合うのかなぁ、と個人的に探っておいて、スタジオに持っていって、みんなに聴いてもらった。

その時、たしかに、これまでとはちがう感じの音になったんです。尾崎の持ってきた曲をきっかけにしてつけていくギターリフと、自分のなかから、なにに合わせるわけでもなく出てきたギターリフとでは、けっこう、ちがいました。

後者のほうは、なんと言うか……ぼくのなかに直結していて、「アイデアがサッと出てくる」という感じがありました。それから、最終的にできていった曲も、それこそやっぱり、さっきカオナシがそう言ったようですけれども、「ちゃんと、クリープハイプになってい る」と思えたところがありました。それは、ぼくにも、とてもうれしい感覚だったんです。なにをやっても、クリープハイプになっている。ラジオのナイター中継で使われる音楽で、尾崎やカオナシの声が入らないバージョンのものもあるのに、「おぉ、クリープハイプじゃん」とわかる。

それは、バンドが四人で演奏しているからなんですよね。スタジオに入って、みんなと音を合わせていきます。すると、ぼくのリフもそうですけど、ドラムの叩き方もベースの弾き方も、あとは、もちろん尾崎の歌だってとても目立つ「しるし」ですが、尾崎の個性ってそれだけではなく、尾崎の弾くギターもやっぱり特徴があるんです。すると、演奏は、どうしたって「クリープハイプらしく」なっていきました。

これまでは、尾崎にとって「好きなコード進行」があるので、そこに合わせていくかたちで曲づくりが進むことが多かったように思います。ただ、今回のような、ギターリフからつくっていった「いつもとはちがうプロセスで詰めていったジングル」も、クリープハイプになっているのはおもしろいな、と感じているところです。やっぱり、今年でいまのメンバーになって十周年という、四人で音を鳴らしてきた時間の長さが効いていますね。

「自分で弾きながら踊れるのか」についても、何気なくチェックしている

「へんだね」「おかしくて、いいね」みたいに言われるぼくのギターのフレーズを家でつくっておく時には、思いついたアイデアの「答え合わせ」みたいなことをする場合も、よくあります。

これまでは、尾崎のつくった曲があって、そこにつけていくことがほとんどでした。だから、その曲のコード進行がすでにあるうえで、それに対して、ギターリフをどうしようか、という感じで練っていきます。

じゃあ、この曲では「リズムを止める感じのフレーズ」でいってみよう、とか。尾崎が弾き語りで入れておいてくれた音源を、曲の「原形」として部屋で流しながら、こちらはギターを鳴らして何パターンかつくってみる、とか。

そうやってつくったギターリフは、その場で、自分で録音しておきます。その後、部屋で再生して、そこで「答え合わせ」をします。

フレーズを再生した部屋のなかで、自分は気持ち良くお酒を飲めるのか。もしくは、その音を流しながら、自分は気持ち良く踊れるのか。そういう感覚を見つけようともしたりします。けっこう、そのへんって大事にしているんです。

「自分で弾きながら踊れるのか」についても、何気なくチェックしているところかもしれません。その場でくるくる回るようにして踊りながらギターを弾く時の気持ち良さって、わりと、自分のフレーズや演奏の調子がいいかどうかのバロメーターになっていますから。

そこで、「まだ、硬いなぁ」「踊れていない」と感じる時には、「フレーズも、まだどこか、緊張しているのかもしれない」なんて考え直すこともあります。うーん、いまいちだな、と思った場合には、その時点から、「いまいち」である理由を考えこんだりもして……。

あとは、ギターではない音色でフレーズをつくってみて、ギターに置き換えていこう、ということもあります。

ギターのフレーズをつくるきっかけとしては、尾崎からは「こんな雰囲気で」というピンポイントのリクエストもあるんですが、「方向性は決まっていないけど、なにかたくさんつくってきて」みたいな時もある。それでいて、持ってきたものが尾崎としては「ちょっとちがう」と感じた時は、「別のフレーズを頼む」と言われることもあります。注文通り、契約通りに安定して大量生産するような仕事では、ぜんぜんないわけです。でも、それが曲づくりだし、だからこそ、やりがいがあると思うんです。

なにかを見つけていく。おたがいの頭のなかには、まだ「ない」ものを見つけていく。それで曲ができていくというところは、すごくありますから。

もちろん、それだけ突き詰めてコミュニケーションをするから、おたがいへの信頼がなければ、すぐにでも耐えられなくなるのがバンドという集まりだとは思います。

また、人間性がいいとかいうところを超えて、そもそも、つくってくれた曲が好きでなければ、そこでもやっぱり耐えられない。そのあたりでは、ぼくは尾崎の書いてくれる曲が好きで、尾崎という人間が好きで信頼しているからこそ、話を聞けるというところがありますね。

だからこそ、言われたことに応えて、いいフレーズを弾きたい、なにかをやりたい、となる。そういう「プラスアルファ」の気持ちが乗っかっていないと、バンドの良さは出てこないんじゃないかなぁ。

たとえば、ラジオにメンバー全員で出演する時などには、ぼくはよく笑っているので、トリッキーに聞こえるかもしれませんね。ぼくの笑い声は、目立つのかなぁ。

このあいだ、たまたまそう感じたんです。メンバーもスタッフさんも一緒にいる打ち上げの場があって、メンバーみんなで出演したラジオの放送日だったから、放送を聴きながらみんなで飲み食いしました。そうしたら、おれの笑い声は、飛び抜けてよく聴こえてきたので(笑)。

とはいえ、おれだけがへんなわけでもなく、メンバーは四人とも、それぞれかなり独特ですけれども。そして、そんな四人の集まったバンドの雰囲気は、悪い時もうまくいっていない時もあった。いまは、すごくいい雰囲気で、「ちゃんとバンドをやれている」って感じがします。

その「いい雰囲気」って大事で、曲づくりにも、ライブにも影響してくると思うんです。みんなで集まっている場がいい雰囲気なら、たとえば、「尾崎がぼくのことを、よくいじってくれる」ような気もする。

いい関係のなかでのスタッフさんとのやりとりや、楽屋の空気感なんかも、大事ですね。活気があれば、それはアルバムやライブにはかなりいい意味で反映されていくので、とてもありがたいんです。

ぼくの場合は、メンバーのなかでもひとりだけ尾崎と同い年だし、もともと、付き合いのスタート地点としては、尾崎とは「友だち」というつもりなんです。その意味では、カオナシや拓さんとは、またちがう距離感で、クリープハイプというバンドのなかに入ってきたのかもしれません。

「こんなにお客さんが来ないのに、どうして毎回、一万円ぐらい払ってライブをしているんだろう……」

ぼくがバンドを始めたのは、高校生の頃です。高校に入学して、クラスの友だちとバンドを始めた。「文化祭で、ライブをやろうぜ」みたいなところでスタートしています。

中学生の頃にはとくに音楽の成績も良くなかったので、ぼくがどんどん音楽に夢中になっていって、いまでもそれを仕事として続けていることについては親もびっくりしているんです。

まさかおまえがミュージシャンになるなんて、という感じ。ごく普通の家庭ですから。親から、音楽にまつわる教育を受けたわけでもありませんし。

でも、やっぱり、バンドというものはすごく好きになりました。

その前には、中学の頃にも、友だちに借りたギターを弾いてみたことがあったんですけれども。その頃には、一回借りただけですぐやめていました。

でも、高校の頃からは、どうしてギターを飽きずに続けることになったかと言えば……やっぱり、「みんなでスタジオに出入りする」みたいな活動が新鮮で、楽しかったからなのかもしれません。

当時、立川には「ＡＣＴ」という、スタジオも兼ねていたライブハウスがありました。そういうところに行って場所を借りて、知り合ったいくつかのバンドで一緒にイベントをやるようにもなっていったんです。

そんなふうにスタジオに出入りしていると、「いつ、ここのライブハウスでイベントがありますか」とか、「ここのライブハウスでは、どのぐらいのノルマでライブがやれます」とかいう情報が入ってきます。スタジオやライブハウスに「お知らせ」として貼ってあったりもする。

始めたバンドでは、そうやって「みんなでライブをやること」が、まずはおもしろくなった。知り合った人たちのライブに出かけて、別のバンドの演奏を聴いても楽しかった。好きになったバンドのライブに通うようになっていきましたね。

当時から、「音楽をずっとやり続ける、プロをめざすと考えていたかどうか」というと……正直に言うと覚えてはいないんですが、自分には「なにか」があるかもしれない、「なにか」ができるかもしれない、と思っていたことはたしかです。

とくに実績もなく、ライブにお客さんがたくさん入っていたわけでもなかったけれども、「なにか」はあるんじゃないのかなぁ、と。そういうこともあって、高校を卒業したあとにも、それまで組んでいたバンドをやり続けることになったのだろうと思います。

そのバンドは、高校を卒業する時点では五人組で、途中でベースがやめて、その後に加入してくれたのは、元クリープハイプの西やんです。その時はもうやめてたかな。ちょっと記憶があいまいですけど、ぼくがクリープハイプを手伝う前の出来事です。

高校卒業後も、その同じメンバーでバンドを続けよう、という感じにはなっていました。ぼく以外の四人はそれぞれ専門学校に進学しましたね。ボーカルは、介護の専門学校。残り三人は、音楽関係の専門学校です。

ぼくは、バンドで食っていくことをめざすならアルバイトでいいかな、と思っていました。進学すれば、お金がかかる。自分では、まかなえないぐらいの金額がかかるだろうから、それを親に出してもらうのは悪いな、もったいないな、と。

だから、フリーターでいいや、と思って進学はやめました。介護の専門学校に行ったボーカルは、すぐにその学校をやめてしまったんですけどね。おれとしては、音楽を学ぶな

らまだ
るなぁ
やめろ
って、

ほかのメンバーたちに対しては、専門学

んとうに勉強をしているのかい？」と思っていました。知識を蓄えてくれているなら、バンドにも生きるんじゃないかと想像していたんですが、フタを開けてみると、みんな面倒がって、意外と学校に行かなくなっていくんですね。

「せっかく通っているんだから、勉強してきてもらいたいなぁ」と思いながら、「学校は行かず、今日も寝ていた」なんて話を聞いていました。ほかのメンバーたちも、音楽を続けるためにはアルバイトをしなければならなかったから、学校、バイト、楽器の練習と、いろいろやろうとして、時間がなくなっていったみたいです。

バンドを続けるためには、ライブハウスにお金を払って、ライブをやる予定を入れていかなければならなかった。だから、ぼくたちにとって、アルバイトは「必須」だったんです。しかし、音楽関係の専門学校に行きながらアルバイトをしている三人に対して、ぼくは「楽器の練習をあんまりできていない」と感じていました。そういうのも、バンドをや

っている人たちならよくある感覚なのかもしれません。

＊

高校時代からやっていたバンドは、その頃に流行っていて「青春パンク」と言われたような音楽を演奏していました。その時のメンバーたちが、はじめに「これだ」とガツンときたバンドのうちのひとつは、GOING STEADYです。かなり影響を受けました。

どこに影響を受けていたのかと言えば、曲もいいんだけれども、同時に破天荒《はてんこう》なライブをするというありかたです。すごく憧れていたので、自分たちでもいくつか、めちゃくちゃなライブはやっていました。

たとえば、府中のライブハウスに出ていた頃には、いまはそんなことはしませんが、缶ビールを飲んだあとの、酔った状態でライブをやったりしていたんです。途中で、ギターの音が出なくなった。これも、いまなら確実に原因を探るのですが、破天荒さに憧れるあまりギターを放り投げて、ステージの前にある手すりで「前まわり」をしたりして……。

ただ、それも一回転するには高さが足らなかったみたいで、ステージに目の上をぶつけて、倒れてしまった。起き上がったら、観に来てくれたお客さんたちが「おそろしいものを見る時の顔つき」をしていたので、「……あ、やっちゃった」とわかりまして。

それと同時に、顔に温かい血がつたってきていた。血まみれになって、その時点でライブが「終わってしまった」んです。

まわりの人たちは、「いいじゃん、ユキチカ」「おまえ、おもしれぇなぁ」みたいに言ってくれていた。でも、その時点でもすでに知り合いで、そのライブも観てくれていた尾崎は、すぐにダメ出しをしました。「あと一曲ぶん、時間が残っていたのに、ああいうことをするのは良くない」と。

たしかに、最後にあと一曲やる予定で、しかも、それがバンドの代表的な曲と言えるものだった……。

「やらなきゃいけない曲があるのに、そういう中途半端なことをしたらダメなんじゃないの?」と怒られたんです。そういう姿勢は、当時から尾崎らしかったと思います。

ひとつずつの指摘が、正確なんです。

「酒を飲んで、あれだけ暴れるんだったら、むしろ、技術的にはすごくうまく弾けていないと、説得力がないし、おもしろくない」というように。ステージで無茶をするなら、「そうでありながらもミスをしないで、圧倒的な技術での演奏を見せる」というぐらいにしなきゃ、お客さんには、バンドのすごさは伝わらないんじゃないの、とも言っていた。なるほどな、と思っていました。

そんなふうに、ぼくは、バンドメンバーたちと一緒にライブハウスにお金を払いながらライブをやる、ということを何年も続けていました。

高校生の頃には、まだ、実家に甘えることができますよね。その時期なら、「夢を見ている」というかわいげもある。それに「楽しいこと、好きなことをやっている」というだけで、すべてが納得できてしまう年齢でもありました。でも、学校を出て、アルバイトをしながらバンドをやるようになってきたら、音楽を続けることはだんだんしんどくなっていったんです。

高校を卒業したあとにも住み続けている実家からは「少なくてもいいから、家にお金を入れなさい」と言われるようになった。それもあるなかで、ライブハウスには、ライブのためのお金を払い続けなければなりません。一回ライブをすると、だいたい一万円取られていたんですよね。

自分たちのバンドの活動を広めるためには、ライブはいくつもやらなきゃ、と思っていたので、ライブハウスに払うお金のためにアルバイトをしていく。バイトのための時間をかなり多く取らなければならなくなっていきました。それから、もちろん、CDなどを買って、音楽にまつわる見聞を広げるためのお金もかかっていく。

それでも、はじめのうちは、「自分たちのバンドは人気が出る」「なんとかなる」と思って活動しているから、モチベーションを持ってバンドをやっていられたんです。けれども、だんだん、「……あれ、続けていても、お客さんは、ぜんぜん増えないのか？」とわかるようになっていきました。

すると、かなりキツくなる。なんのために、こんなにお金を払って何回もライブをやり続けているのだろう。そう思う時期がけっこう早めに訪れてしまいました。たしか、二十二歳ぐらいの頃だったと思います。

高校からのバンドでは、お客さんはふたりぐらいで、それもメンバーの彼女みたいなことも多々ありましたからね。すると、「おれはなにをしているんだろう。こんなにお客さんが来ないのに、どうして毎回、一万円ぐらい払ってライブをしているんだろう……」と、それは毎月のように思うようになっていきました。

もう、高校を卒業して、何年も経っていた。バンドをやっているような仲間たちは、だいたい同じような経済状況ではあったので、会って話していても、みんな貧乏で良かったんですけどね。でも、たまに社会人になった友だちに会ったりしたら、向こうはビシッとスーツを着たりしていて、「くそ、うまくいかねぇなぁ。こっちは、カネねぇし……」と。

もう、引き返せねぇなぁという感じで、二十代の前半には、すでにそうとう追い詰められた気持ちでいました。

音楽でメシを食うなら、これが、おれにとってはたぶん最後のチャンスだろうな

その後も、尾崎にクリープハイプに誘ってもらうまでは、ずっと同じバンドで活動していたんですが……とにかく、自分自身としては「練習の量」だけは多かったように思います。

当時、客観的な意味で「うまくなっていったのか」どうかはわからないけれども、アルバイト以外の時間はほとんどギターの練習をしていた。

当時のメンバーのなかには、草野球をやったり競馬に夢中になったりしていた人もいたけれども、一緒にやったことはなかった。その頃の時間の使い方って、ひとりでギターを練習する、メンバーとライブをする、アルバイトで働く、酒を飲む、というぐらいだったので。

そのうち、だんだん、ライブをしていても、自分の演奏をほめてもらえることが増えていきました。その頃には髪を長く伸ばしていたこともあって、ビジュアル的な不思議さも

含めて「へんだよねぇ」とほめてもらっていまして。

だから、自分がバンドを引っ張っていかなきゃ、と思うようにもなっていきました。バンドの曲をつくっていたのは、もうひとりのギターだったんですけど、ぼくのギターにいろいろ感想をもらうことが多かったので。

高校時代からのバンドメンバーたちとの関係は、クリープハイプに正式に加入する頃まで、ほとんど変わりませんでした。もちろん、バンドに対する愛情も、とても強かった。友だちだから、つながっている、という共同体だったので。

尾崎に、クリープハイプのサポートメンバーをやってくれないか、と言われた時も、すぐ、メンバーたちに伝えました。

尾崎とは同じ界隈のライブハウスに出ていたので、メンバーたちもよく知っていたんです。おれがそうであるように、みんなも尾崎とは同い年だから、クリープハイプというバンドは「強く意識する存在」だったと思います。

同い年ではあっても、尾崎は、ライブハウスで出会ったはじめの頃から、周囲とはずいぶんちがう雰囲気を出していました。

当時、ぼくたちはまさにそうでしたが、流行りの音楽をやるというバンドが多かったんです。それこそ、「青春パンク」だったり、ガレージロックっぽさが見えるバンドであったり……。そんななかでも、クリープハイプというか、尾崎のライブは、いつも独特でした。二〇〇〇年代なのに、フォークソングのような曲を歌ったり、和の要素を前に出したライブをしてみたり。強烈な個性を放っていたというか。

その日のライブハウスに、五バンドが対バンとして出ていたとしたら、いつも「クリープハイプだけが、異質」なんです。だから、目立つ。そして、クリープハイプの演奏は、自分も対バンしていて横から観ているだけでも、なんだか「炎みたいに燃えあがっている」。そう感じられて、魅力的だったなぁ。尾崎の書く曲も、おれはずっと好きでしたね。

サポートメンバーに誘われた時に、尾崎は、次のようなことを言っていました。

「いまやっているメンバーの三人は、その三人だけで『新世界リチウム』という別のバンドを持っている。だから、クリープハイプのライブをやりたい日に予定をサッと入れられるという感じではない。だから、サポートしてくれないかな？」

尾崎の音楽が好きだったので、ぼくはバンドメンバーたちに、「こういうわけで、尾崎の手伝いを頼まれたので、声をかけてくれた気持ちに応えたい」と伝えました。それで、サポートメンバーをやり始めたんです。

当時のメンバーたちからの反応は、「へぇ、そうなんだ」という感じです。「それなら、クリープハイプのライブをきっかけにして、『そこのサポートで入っている、小川というギターがいるバンドだから』と、うちのバンドに観に来るお客さんが出てきたらいいね」なんて、言ってくれるメンバーもいました。

ぼくにとって、高校時代からの仲間と一緒ではないところでバンドに参加するのは、クリープハイプがはじめてで、とても刺激的でした。

サポートメンバーとしての演奏をやり始めたら、「やっぱり、尾崎はすごいな」というのが、今度はバンドのなかから、まざまざとわかるようになっていくんです。驚きもあったし、単純に「バンドをやるって、ものすごく楽しいんだなぁ」って気持ちに、あらためてなっていきました。

それで、尾崎、カオナシ、拓さんとの四人でのやりとりも、だんだんうまく転がっていき始めた頃に、尾崎からは、「正式メンバーになってくれないか？」と言われた。

それも、とてもうれしかったんです。ぼくは、悩むことはなかった。「ぜひ、やらせてくれ」みたいに、その場ですぐに答えた気がします。

＊

尾崎に正式なメンバーとして誘ってもらった頃までには、すでに、クリープハイプのライブの本数はかなり増えてきていて、忙しくなってきていました。

もともと所属していたバンドと並行して演奏し続けることに、困難を抱えていたところもあった。では、なぜ、そういうなかでクリープハイプを、しかも「即答」というかたちで取ったのか、ですか……?

うーん、ウソをつけなかったから、だと思います。気づいたら、サッと反応していた。だから、即答だったんです。

尾崎の音楽はすごい。それに、音楽でメシを食うなら、これが、おれにとってはたぶん最後のチャンスだろうなとは、無意識のうちにわかっていたので。

高校の頃からの仲間も大事だと思っているなかで、なぜ、即答できたかと言えば、それは、「尾崎のクリープハイプが、とにかく周囲のなかでは別格なバンドだったから」。

さっきも言ったように、バンドのメンバーたちに対しては、愛情がありました。五人のうちの三人は、高校の頃からの同級生。ひとりは小学校、中学校が同じだった仲間で、おれがバンドに連れてきた同級生。みんなで「プロをめざそう」と言ってやってきたから、全員の生活だってかかっていた。

しかも、ありがたいことに、ライブでは、「おれがほめられる」という場合もけっこうあった。そのなかで、自分が抜けてしまったらどうなるのだろうとは、もちろん考えました。

　でも、さっき言ったように「ウソをつけないな」というところが、いちばん大きかった。クリープハイプは、それだけすごかったし、ライブで演奏していることが、おもしろかった。

　それに、十代の頃から、とくに高校を卒業してからはほとんど毎日、「バンドでメシを食うということ」ばかり考えていますからね。いま、ここで参加させてもらっているすごいバンド以上に、大きなことに挑戦できるチャンスなんて自分にはないだろう。そのことぐらいは直感的にわかっていました。

　クリープハイプに入るまで、ずっと所属していたのは、「スタートライン」という名前のバンドです。

　そのバンドのいちばんの良さは、「ボーカルのやつの発想や歌詞」だった気がします。おれは、そこに可能性があると思っていました。それから、やっぱり「はじめて出会った仲間でバンドをやりだして、ずっと同じ方向を向き続けて進んでいる」というところも、バンドの強みだったんじゃないのかなぁ。そういう「仲間で始まっている」という雰囲気は、無理してつくりあげることはできないから。

　高校時代から二十四歳ぐらいまで、あいだを置かずに、つねにずっと一緒にいた仲間たちだから、一緒にいる時間が、とても長かったんですよね。学生時代も、その後も、おたがいの家に泊まりに行くような間柄だったんだから。

「青春パンク」からスタートしたものの、途中で音楽性も変わっていって、最終的には、ボーカルが「ラップみたいなことをしたい」と言って、それに近い曲もあったりした。そういうバンドです。

クリープハイプに正式に加入する、と伝えた時、前のバンドのメンバーからは、「なんとなく、こうなるだろうなと思っていた」とも言われました。

おれの気持ちが、どんどんクリープハイプに移ってきているというのは、メンバーもわかっていたんだろうと思います。表情に出ていたのかもしれない。そもそも、「やっぱりクリープはすげぇな」とは、みんな、わかっていましたからね。それは前のバンドのみんなもおれも、おれがサポートメンバーになる前からよく言っていた。

*

バンドをやりながら働いていたアルバイトに関しては……ぼくは「バイトは、なかなかうまくできなかった」と言う尾崎とはちがって、むしろ、けっこう器用に勤めてしまう人間だったかもしれません。

　ほんとうに普通に働いて、だんだん「ベテラン」として現場に馴染んで、だんだん仕事を多めに回してもらう、みたいな(笑)。

　とはいえ、不定期でライブの予定が入ってくるから、決まった時間で働き続けることはできず、いろんな職種でアルバイトをするようにはなりましたけれども。イベントの派遣や、ティッシュ配りは、バンドを持っていても、勤務時間を組みやすかったように思います。

　慣れてきたら、仕事は、どんどんもらえるようになっていきました。尾崎は、たしか同じ頃に、企業のクレームを受け付けたりするような電話のオペレーターだったかなぁ……そういうバイトをやっていたような記憶があります。

　それでも、稼いだぶんが振りこまれなかったこともありました。会社が倒産してしまったので……。

　その時は、主要メンバーが二十人ぐらいが集められました。「倒産するので、支払えません」と言われた。二十二歳か二十三歳ぐらいの頃。でも、まぁそのあと国に手続きをしたら、損をしたお金のうちの六割ぐらいは返ってきたように覚えています。

　そうやってバイトをしながらバンド活動をしていて、そこは、きっと尾崎も変わらないと思うんだけど、音楽のほうでは、尾崎は同世代でもぼくたちとは比べられないぐらいに、見ているところがちがいました。

アマチュアバンドという意味では、たしかに、まったく同じです。同じようなライブハウスに出入りもしていたんだけど、なにがちがうのかと言えば……なんかこう、ぼくや、ぼくがいたバンドの人たちというのは、もっと「ふわっとしていた」んですね。音楽に対する姿勢というものが。

当たり前かもしれませんし、いまでも、大多数のバンドマンがそうなのだろうとは想像するんですが、「よし、やるぞ」で、留まっていた。尾崎は、そういう次元からは一歩も二歩も踏み出していた気がします。

尾崎は、おれがいたバンドも含めて、ほかのバンドにいた同世代の人たちとちがっていた。それはどこかといえば、もう少し、現実的に「どう、バンドを売っていけばいいのか」も見ていたところが、まずは大きかったように思います。

クリープハイプのフロントマンとして、現実を「俯瞰で」というか、かなり客観的な視点で見ているやつだな、というのは出会った頃からずっと思っていました。そういう尾崎らしい視点に、ぼくはすごく刺激を受けてきた。

それこそ、クリープハイプのサポートメンバーになる前から、「ライブでめちゃくちゃやるなら、演奏はむしろ技術的に優れていたほうが、説得力があってかっこいい」と、ひとことで本質的なアドバイスを伝えてくれたように。

尾崎の言うことは、いつも、的を射ているんです。

いまもそうなんですが、とても正確にものを言う。そういう尾崎が、おれのフレーズをほめてくれたこともあった。それから、「小川くんは、あのバンドのなかで、音楽についていちばん真剣に考えている」というようなことを、なにかのタイミングでサッと言ってくれたりもしていた。そういうことなんかが、すごくうれしいこととして記憶に残っていました。

じつは自分でも、その頃の環境のなかではおれだけが音楽についてしっかり考えているようだけれども、まわりはちがっていて、そこに「きしみ」が生まれているんじゃないか……と、誰にも相談しないけれども思っていましたから。

それだけ正直にものを伝えてくれるところに魅力のある尾崎が、おれのギターのフレーズを「いい」と言ってくれていた。そういうところで、クリープハイプのサポートメンバーとして声をかけてくれたんじゃないかな、と想像しています。

自分のアイデアにテクニックが追いついていなくて「弾けない」コンプレックスがあったんです

尾崎、カオナシ、拓さん、おれという四人ではじめて集まって、スタジオで音を出してみた時には……たしかに、みんなも言ったかもしれないけど、「なんか、むずかしいなぁ」とは思いました。

拓さんも、カオナシも、インタビューで同じように言っていたんですか。うん、それはそうだと思います。はっきり、音がぶつかっていましたから。四人それぞれの個性がぶつかりあっていて、「ハーモニー」みたいなところからは、最初は「ほど遠かった」。

でも、ぼくとしては正直なところ、そうやって「合っていない」ことが、なにを意味しているのかもわかっていませんでした。

そこは、きっと、尾崎もそうだったんじゃないのかなぁ。尾崎は、これまでメンバーこそ、あれこれ変わってきていたけれども、クリープハイプだけをやり続けてきているわけだから。

そして、ぼくも、さっき言ったように、高校時代からのバンドだけしか、やってきていない。尾崎のクリープハイプに入るまでは六年間、ずっと、仲間内でしかバンドで音を鳴らしてきていなかった。そんななかでは、客観的なジャッジって、そもそもできていなかったんですよね。

これまでの仲間以外の人たちと合うのかな、という漠然とした心配だけがあってサポートメンバーとして来たので、「合わないから、どう」というのは、ぜんぜんなかった。ましてや、「合わないから、やめる」なんて思いつきもしなかった。

その時四人で合わせたのは、新宿のスタジオで、せまい部屋でやったんだけど……あの時の「これ、みんなでちゃんとできるのかな?」って思った第一印象はよく覚えています。だから、拓さんやカオナシが同じように言うのはよくわかる。

その後は、「サポートメンバーとして、次のライブに入る」というのが最初に与えられた役割だから、これまでに尾崎たちがやってきたことをコピーしなければいけなかったんです。すでにある楽曲を、ライブで「同じように演奏し直す」ということも、はじめてやることとだった。

そこでは、前までのクリープハイプとまったく同じような音としては表現できず、そこのへんでは、苦労もしたかもしれません。でも、それも、基本的には「……大丈夫かなぁ?」と心配していたというぐらい。悩んだり、困ったりというようなレベルではありませんでした。

悩んだりしないというのは、やっぱり、おれは「尾崎の書いてきたクリープハイプの曲の良さ」を、はじめからよくわかっているつもりでいたからです。

それを、どう表現すれば効果的に演奏できるのだろう、と探るぐらいで、尾崎のやっていることに疑問を抱くことはなかった。だから、「どう対応していけばいいのかなぁ」というような動きになっていた。で、対応していくための試行錯誤は、とてもおもしろいことでした。

たとえば、ライブだけでなく、のちにアルバムのレコーディングをするようになった時でも、ぼくは、いまとはちがう努力をしているんです。

ぼくがクリープハイプに入ってはじめて参加したアルバムは、インディーズ時代の『踊り場から愛を込めて』(二〇一〇年)という作品ですが、聴き直してみると、自分の音も興味深いんです。いまなら、きっとやらないだろうな、というアプローチを取っている。

『踊り場から愛を込めて』のギターリフって、とにかく、自分がパッと思いついたものを、「好きなように詰め込んでいる」んです。尾崎のつくったメロディの鳴っている裏で、ギターで別のぶつかるメロディをカウンターのように当てていたりして……。そういうフレーズのつくりかたをしていたことは懐かしく思います。

そうやって、四人でライブやレコーディングを重ねていく現場は、たいへんな時があっても基本的にはいつもおもしろかったし、つねに、いろんなことを吸収させてもらっていたな、と思っています。やっぱり、ぼくにとっては、クリープハイプで音を鳴らすことは、いつも「おもしろいもの」だった。それで、「勉強までさせてもらっていた」という感じ。

＊

サポートメンバーになり始めた時期には、さっき言ったように、新世界リチウムという三人のバンドによる「もう一チームのサポートメンバーたち」もいたんです。カオナシ、拓さん、ぼくという三人よりも、もっと前からサポートメンバーだった人たち。

そういうなかで、ぼくらも呼ばれて、ライブは二体制でやっていたわけです。

サポートメンバーになりだした頃から、自分がずっとやってきたバンドとはちがって、お客さんが継続的に来ているな、とはわかっていました。そうは言っても、「ライブハウスに一〇人から二〇人は来るだろう」というぐらいではあったけれども。でも、自分のいたバンドに比べたら、確実に前を走っている。それだけ、確実にお客さんに注目されていることは、すごかった。

そういう環境のなかで演奏しているうちに、求められるパフォーマンスの質も、おのずから上がっていったような気がします。「もっと、クリープハイプらしい表現を、しっかり演奏しなければ」と思うようになっていった。

プレッシャーも感じていました。いいバンドに誘ってもらったんだから、しっかりやらなければ、と。責任感が出てき始めたと言いますか。そういう感覚は、それまでライブをしていた時とはちがうな、と思いながら演奏していました。

ギターを練習する感じは、昔からだいたい同じで……たとえば、ライブでいいバンドを観ると、いつも、いいモチベーションにしてきたんです。

あんなにうまいなんて、とすごく悔しく思うし、すげぇなぁとも驚く。でも、いつも、いいライブを観たあとほど、家に帰ってからギターで練習していたような気がする。それで、「負けたくねぇ」って感じでやっていく。

そうして、なんかこう、自分のなかに「もっと、あるはず」というものを開いていこうとしてきたという。それは、十代の頃からずっと思っていて。そこには「絶対負けたくない」だけじゃなくて「目立ちたい」というような動機も入っていたのかなぁ。そういうモチベーションで、ギターを練習してきたと思います。

自分の長所に関しては、とくに、クリープハイプとしてメジャーデビューしたあとに、だんだんわかっていった気がします。

聴いてくれる人であったり、スタッフさんであったり……そういう人たちからの反応で、そうか、自分はギターのフレーズを「特徴的だ」と言われるのだな、と。自分では、「ちょっとわかりづらいかな」と思うようなフレーズであっても、「それがいい」というまわりからの反応があったりもしました。「そうか、それが、おもしろいギターを弾けているということなのかなぁ。そう言われている時は、独特なアプローチができているのかな」なんて、思うようになっていきました。

直接的に手ごたえを感じられるのは、レコーディングで関わってくれるエンジニアさんからの「独特だね」という言葉だったりしたんです。ほかには、たとえばメジャー一枚目のアルバムの頃には、まだ、自分のアイデアにテクニックが追いついていなくて「弾けない」コンプレックスがあったんです。

でも、エンジニアさんは、「いや、弾けることよりも、そもそもアイデアがあること自体のほうが大事だ」と冷静に言ってくれました。そういうプロのスタッフさんたちから「いいと思う」と正面から言ってもらう体験も、とてもうれしかった。

ぼく自身のギターリフのアイデアが育っていったプロセスについては……なにかを意識して変えてきたとかいう感じではありません。やっぱり、聴いてきたものによって育ってきた、としか言いようがないんじゃないか。

いろんなものを聴かなきゃ、聴いておいたほうがいいな、みたいな気持ちは、高校時代ぐらいからあります。それで、自分でも聴きたいと思う音楽が増えていって、だんだんしみこんで身についていって、出てくる音が変わっていくのかな、という気がします。だから、もちろんこれからも変わっていくと思う。

「正式なメンバーになります」と尾崎が言ってくれたところは、やっぱりうれしかったですね

少し前の時期に戻って、クリープハイプの正式メンバーになるぐらいの頃を振り返ると……。

カオナシは、クリープハイプに入る前にやっていたバンドの演奏で見かけていました。そのバンドは、うまかった。だから、「しっかりした演奏をしているな」と思って注目はしていた。

会って話してみると、おや、不思議な感じだなぁ、と……。それは、現在進行形で思うことですけど、カオナシは、「つかみどころのないキャラクター」ですよね。

カオナシは、渋谷のライブハウスで、あるバンドに対して、感想を「活力いただきました」とか丁寧に言っていた。そんな姿を覚えています。すごく深く仲が良いというわけではないけれども、「ベースがうまいな」という認識でした。それで、あの人か、という感じで、一緒にサポートに入っていきました。

拓さんのことは、一緒にサポートを始める時点では界隈がちがって知らなかったんですが、少し先輩なので、安心感がありました。そういう第一印象でしたね。それで、サポートメンバーとして付き合い始めた。

サポートを続けて、正式なメンバーとして誘われて、その後には、四人でクリープハイプとしてやっていく、とお披露目《ひろめ》をすることになった。それが、十年前の十一月十六日。

「バンド」という曲にあるとおりでした。

尾崎が三人を正式なメンバーに誘ってくれたのは、たぶん「もう、これで勝負する」という覚悟によるものだというのが、ぼくには伝わってきていた。

そんなふうに「もう、この四人で行くぞ」と思ってくれたので、正式なメンバーになった頃には、さらに、よし、やるぞという気持ちが強くなりました。

これで進んでいこうという感じで、十年前の十一月十六日を迎えたわけです。

その日のライブの演奏は、「アンコールで、三人が正式にメンバー入りすること」を発表するとわかっている緊張感もあって、ぼくは、「しっかり弾こう」と思っていました。

実際に、手ごたえは感じられていましたね。

最初のサポートで入った時よりも、ライブの回数を重ねてきたので、「バンドの歯車がうまく噛み合い始めている」という感覚がありました。そして、ライブが終わって、お客さんの前で「正式なメンバーになります」と尾崎が言ってくれたところは、やっぱりうれしかったですね。

その言葉に対して、お客さんが喜んでくれていて、受け入れてくれているというのが、うれしかった。

*

クリープハイプの音楽というのは、わかりやすく熱狂をうながすわけではありません。捉えづらいところもありますが、聴きながら、アップテンポな曲と濃い歌詞のなかに入りこんでいくと、引きこまれていく。

ぼくもクリープハイプを観ている時はそうでしたが、つい聴きこんでしまう。「なんて独特な歌詞なんだろう」と思う。そこですね、魅力は。そういう魅力を、正式なメンバーとしてさらに引き出すためにはどうすればいいのだろう、とも考えることになっていきました。

クリープハイプという、ずっと尾崎がやっていたバンドのなかに入るのだから、当たり前なんだけど、まずは「おれたちでいいのかな」と思っていました。

それから、ぼくが入ることによって、フォーピースになった。尾崎自身が弾くギターも含めてスリーピースの時期が長かったけれども、そういうところでバンドの雰囲気も変わっていくだろうし、とも感じていました。

たとえば、間奏でギターでコードを鳴らすだけではなく、そこにフレーズを乗せられるようになったので、クリープハイプというバンドの表現方法としては自由度が広がった。そこは前に出していってもいいだろうと考えていました。

尾崎としては、ギターが増えたなかで「フレーズを乗っけてほしい」とか「演奏の幅を広げてほしい」とか思うだろうし、そういうところは探ってみようと考えていたんです。それまでとちがう回路を見つけられたらな、という。

クリープハイプが四人になって良くなったところは……さっき言ったような「表現の広がり」が出るところは、いいかなと思います。

あとは、四人だからこそ、スリーピースよりも結束力が強くなるんじゃないかな、とも思ってきました。

なにかあった時に、二対一になると、なにかとまずいんです。でも、四人いれば、誰かが誰かにむかついても、残りのふたりは「話を聞く」みたいな客観的な動きができる。そういうところは、コミュニケーションするうえでの、フォーピースバンドの良さだとは思いますが、それでも、はじめのほうは、四人の対話というのは、なかなかむずかしかったですね……。

ぼくたち三人には、どうしても、「あとから加入してきた」というのがありましたから。途中で「正式に加入した」とは言っても、尾崎がこのバンドで長く築いてきた歴史もあるわけだから。

ただ、そこでおれたち三人は、けっこう「へんな遠慮」をしてしまっていたかなと思う。そういうところで、メジャーデビューの前後は、いろいろとコミュニケーションがうまくいっていなかったかなぁとは思います。

親がおれたちのライブを楽しみに来てくれているのは、素直にうれしいです

親からは、ずっと「いつまでやるんだ」と言われながらバンドをやってきました。父親からは「二十五歳までに、どうするか、きっちりけじめをつけろ」みたいに言われていま

したね。

両親は、いつかやめるだろうと思っていたんじゃないかな。それでも、二十歳を過ぎてもやめないから、焦ったのかもしれません。

そうして生活をしてきて、二十二歳ぐらいの頃、「このままではダメになるかもしれない、ひとり暮らしをさせてくれ、そこで気合いを入れてやっていく」と両親に伝えて、阿佐ヶ谷に住み始めました。

その後、クリープハイプのサポートメンバーになったりもしていくわけですが。そういうなかでは、前とはぜんぜんちがう理由で、一回、実家に帰っています。

『待ちくたびれて朝がくる』(二〇一一年)という、クリープハイプがインディーズで出した二枚目のフルアルバムのレコーディングがあったんです。

その時には、自分としてはなかなかうまく弾けず、悔しいことが多かったんです。その前のフルアルバムの『踊り場から愛を込めて』の頃にも同じような状況はあったんですが、エンジニアの人がプロデューサー的なアプローチをするわけではなかったので「バンドがいいと思えばそれで次にいく」という感じで、時間がないなかでばんばん録っていた。

でも、二枚目の時には、いまの担当でもあるエンジニアの方が、バンドのために、おれが弾けていなかったこともあるけれども、何度も録り直しに付き合ってくれて……。それで、おれは尾崎の歌録りの時間を食ってしまった。迷惑かけたなぁというのがありまして……。

それで、逆に、バイトをやめなきゃ、と思うようになった。

その頃は、バンドをやりながらも、窓ガラスを拭《ふ》くアルバイトをしていまして。それをけっこう頑張って、ひとり暮らしをし続けるための生活費を稼ぐために、たくさんアルバイトを入れていた。

でも、もうここまで来たら、技術的に、それじゃダメだなと思って、その仕事をやめました……。

家賃を払わず、ひとり暮らしはやめて、ギターを弾く時間をもっと増やさないと、と。このままでは、バンドに迷惑をかけるということで実家に帰ったんです。そのぐらいの頃にも、両親は「大丈夫なのかな、どうなの……？　いや、本気なんだろうなぁ」というようなことを、こちらに言わずに考えながら、おれに接していたかもしれません。

いままでは、東京でやるライブにならら、両親はほとんどかならず来ていて、父親からはLINEで感想が入ってきたりもするんです。「今回はMCが少なくて、曲に集中できて良かった」とか。

……いや、「たぶん、曲に集中できて良かった、いい演奏だった、みたいなことを言ってくれているんだろうけれども、『MCが少なくて良かった』って、バンドに対しては、失礼な言葉だからさ」とは思う(笑)。

たまに「どこから目線のコメントなの？」とも思うんだけど、でも、親がおれたちのライブを楽しみに来てくれているのは、素直にうれしいです。コメントが天然なところも、家族どうしのやりとりだから仕方のないことだし。でも、やっぱり、仕事として軌道に乗るまでは、両親ともそうとう心配していただろうなぁと想像します。


バンドを回していく歯車が、一回、狂い始めてしまったというか……


尾崎に対しては「バンドのフロントマンとしての存在感がすごいな」と思いながら、付き合ってきています。昔から、自分よりも前を走り続けていて、いろんなことを考えている人なんです。

だから、メジャーデビューをした頃にしても、たぶん、すごくいろんなことを、ひとりで考えていたんだろうと想像します。もちろん、いい曲、売れる曲を書かなきゃというプレッシャーもあっただろうし。

そういうなかでは、ずいぶんたくさんのことを、個人的に抱えこんでいたんだろうな、と思うんです。その時期に、ほかのバンドメンバーたちが踏みこんでこないで、へんな距離ができていたことによって、尾崎は苦しんでいたのかもしれない。「この四人でやりたかったことは、こういう感じではない」と思っていたんじゃないのか、というのが、その時期を振り返ってのぼくの推測です。

インディーズの頃は、もう少し、深く考えずにバンドが前に進んでいった感触があります。インディーズでの活動が話題になった。つくったアルバムが「タワレコメン」として、タワーレコードで推してもらえた。そういう上り調子の時には、勢いのまま前に進めたんです。

ところが、「いざ、メジャーデビュー」となれば環境も変わるし、より「仕事としてちゃんとしなければ」というところも強くなっていった。その局面で、尾崎が背負いこむようになったものがとても多くて、それを、メンバーとしては助けてあげられなかったな、という感覚があります。

その時期の四人の意思疎通については、「うまく話せていなかったな」という感じです。おれも、「これは、尾崎がそうとう溜めこんでいるなぁ」とまではわかっていたんだけれども、そこでとくにこう、こちらからは突っ込んではいけなかった。その「尾崎から話してもらったら、喜んで話すんだけど」みたいな距離感が、ある時期には成立しなくなったんですよね。

尾崎というのは、場を回すことがとてもうまいんです。人の言ったことに笑いを交えて突っ込むし、話のきっかけを自分からつくることも、うまい。おれらに対してそういうことをしてくれなければ、とくにサポートメンバーに入りたての頃は会話が回らなかったんじゃないのかなぁ。だから、三人とも、受け身の姿勢で会話が転がるのを待っている。

それが、ある時期から、「……あれ、尾崎からの、最初のひとことが、なくなったぞ?」となった。いつもとちがう。なにかにイラついているのかなぁ、怒っているのかなぁ、とこちらは推測するばかりでした。

いま思えば、異変を感じた時点でこちらからアプローチをすれば良かった。でも、重い空気のなかで切り出すことができず、はじめの一歩が出ないがゆえに、バンド全体がうまくいかず、こじれたまんまの状態が長引いてしまいまして。

でも、こちらとしては「イライラしていることはわかる」という感じの尾崎の真意がわからなかったから、なにに怒っているのかを想像したりするうちに時間が経っていったんです。

そういう状態が、いつ解決したかといえば……いや、きっかけっていうほどの「はっきりしたもの」はなかったように思います。ちょっとずつ、話していくなかで、前に進んでいったとしか言えないような。

四人それぞれに危機感はあったので、合間に「このままではだめだろう」というような話題は出ていたんです。でも、またその後しばらくは、さっき言ったような「膠着《こうちゃく》状態」が続く。怒っているのだろうか、みたいな距離感のやりとりも、けっこう長く続く。

でも、まぁ、そういうことも含めた「なにもかも」があって、四人でやりとりをしあうことが続いて、重なって、いまに至る。だから、「徐々に」「自然と」って感じです。もちろん、状況が良くなっていった根底にあるのは、四人の「いまのままではだめだ」という共通認識だと思いますが。

……あ、拓さんも、カオナシも、その頃の話を同じようにしていたんですか。「踏みこめば良かったけれども、それができなかった」と。

そうなんです。おれもそう思う。そして、三人が「踏みこんだほうがいいと思うところはあるけれども、それをしない」という状態であることぐらい、尾崎はものすごく敏感だから、とっくにわかっているんですよね。あの時にこちらが思っていたことを、尾崎が推測しないわけがないんだから。

で、だからこそ、「なんで来てくれねぇんだ」ということになっていたと思うんです。

しかも、尾崎にはおもしろいところがあって、あれだけひとりでなんでもできるところだってあるし、いろんな才能を持っているんだけど、「バンドというかたちで音楽をやること」がすごく好きなんですよね。どんな時でも、「ソロで音楽をやる」という方向性では喋っていなかった気がします。

それもあって、尾崎は苛立《いらだ》っていたんじゃないのかなぁ。バンドという集まりで音楽をやることが好きなんだから、メンバーたちからは、「どんどんぶつかりに来てもらってナンボ」なわけで。途中で、バンド内のコミュニケーションとしてはつらい時期があったのは、そういうことだったんじゃないのかな、と想像しますが……。

＊

デビューしたあとには、忙しさも含めて、とにかくどんどんいろんなことが起きた。それも、もちろん、しんどかったですね。でも、徐々に、ライブとかでもすぐに売り切れたり状況がいい方向に変わっていったんです。

クリープハイプは、前よりも、どんどん知られていった。このバンドは、続くんだろうと思っていた。

続けるために頑張っていこうとも、もちろん考えていました。それでも、さっき言ったように、メンバー間のコミュニケーションなんかでは、「そうはなかなかうまくいかない」ということも起きていました。

しかも「……あれ、おれたち、これからどうなっていくんだろう?」というような不安要素まで、生まれてきたんです。そこからは、バンドを回していく歯車が、一回、狂い始めてしまったというか……。

いま、「歯車が狂い始めた」と言ったのは、四人のなかでというのではなくて、外の状況から「困難がやってきた」という感じです。それは、「このタイミングで、バンドが団結をして、より強く頑張っていかなければ、このまま終わっていっちゃうかもしれない」というぐらいの大きな危機だったんです。

三軒茶屋のスタジオで、四人で集まって練習していたら、「おれらのベストアルバムが、無断で出るらしいぞ」という情報が急に入ってきた。

所属していたレーベルが、クリープハイプに無断でそれまで出していた音源をまとめたベスト盤を出してしまう、という。……まじかよ、どうしていこう、と四人で話し合うことになりました。

すごくたくさん話し合った。

最初は、現状認識を揃えました。そして、出るであろうベストアルバムとは、どのような意味を持つものなのか、についてもよく話し合った。

そのうえで、お客さんに対して伝えられることはなにか、も明らかにしていきました。

そのベストアルバムは、ぼくたちの許可なしで出てしまうわけだから、「自分たちの曲ではあるけれども、クリープハイプが選んだものではない」。自分たちとしても、外の人たちに対しても、そのあたりをはっきりさせる対応をしていこう、ということになった。

このあたりは、話し合うだけではなく、後日みんなでメールを出し合って内容を細かく詰めていったり、尾崎がバンドの姿勢をひとまとめにして引っ張ってくれたりしたなかで、状況は進んでいきました。

つまり、ぼくたちは、お客さんに対して、「買わないでください」と言うような立場にはないけれども、事実を伝えたあとにお客さんの判断にまかせる、という姿勢を取ったわけです。

それから、レーベルの移籍にともなって、一時的にはいろいろと活動が制限されてしまうなかでどうやっていくのかも、バンドとして一丸となって話し合った。

でも、その合間にも、バンドのフロントマンである尾崎に対しては、どんどん、インターネットのニュースだの、SNSでの心ない発言だので、矢が刺さり続けているのが目の前で見えていた。そこは、つらかったです。なんの非もない、被害者である尾崎が、あまりにもかわいそうだった。

そういう非常事態になると、いろんなことが起こります。このバンド、知りもしないのにこんなことを言っていたのか、と許せなくなることもけっこうあった。そこはひとつずつ、いまでもよく覚えています。どんな振る舞いをする人間なのかが、ほんとうにいい意味というよりは「悪い意味」で、よく見えるなぁ、という状況だったので。

憶測が行き交うなかで、不確かな情報をもとに口が滑《すべ》った、「単なる間違い」をミュージシャンがSNSで発信することも多々ある。しかし、それはどれだけ、こちらに対して暴力のようなものとして迷惑をかけるか……。おそろしいことです。風評被害で受けた傷は、計り知れない。「悪気がなかった」では済まされないと思っていました。

「当時の反応としては、こちらから見たら良くなかったけれども、のちに和解した、みたいにして、いまは打ち解けているという関係の人」も、いることはいるんです。だから、いちがいには言えないですけどね。

それでも、まったくのデタラメで「レーベルとの契約枚数をクリアしていないから、こんなことになったんじゃないか?」と、知りもしないのにウソを書かれて、それが、音楽関係者のひとことだからということで拡散されていったことなんかは、あまりにも腹が立ちましたね。

契約枚数は、超えていたのに……。普段、正しそうなことを言っているけれども、いいかげんな情報をもとに好きなように言う人なんだな、というような人も世の中には多いんだなぁ、とよくわかりました。

そういう状況で、みんなで協力せざるをえなくなってからは、バンドのなかでギターを弾くのは当たり前ですが、バンドをやっていくうえで、さらに一歩踏みこんで、「おれにはなにができるんだろう」と考えることが大事になっていったんですよね。

もちろん、ギターを弾くことも、それだけでもいろいろたいへんなんですが、音楽だけではないところで、これまで尾崎がいろいろやってきてくれたことに、「メンバーとしてどうプラスアルファできるのか」。そういう、音楽の外での表現を自分はなにもしてこなかったんじゃないか。そんなことを考えたんです。

尾崎にも、拓さんにも、調子が悪くなる前よりも圧倒的に「強さ」を感じる

いまのメンバーになってからのクリープハイプには、音楽の面での危機もありました。バンドにおいて、「ドラムのリズム」と「ボーカル」はとても重要で、つながっているものです。そういうところで、やっぱり拓さんのフィルがうまくいかないとなると、ライブ

中、尾崎はビクッと敏感に反応するんです。すると、ボーカルのパフォーマンスにも影響が出てくる。

すると、当たり前ですが、ライブが終わった楽屋で、おれたち四人はあれこれ話し合うことになりました。すると、拓さんも、わかってはいるんだけど萎縮する場合もあるというのか……体が反応しなくて、うまくいかなくなっていく。

あの頃は、ライブをしていてけっこうしんどいというか、むずかしい時期でしたね。ライブをするのが、こわい。拓さんは、きっとそう思っていたんじゃないのかなぁ。また、やっちゃうかもしれない。

でも、バンドとしては、「だからこそ頑張りましょう」というのがあるわけです。あの時期は、たいへんだった。あの頃のことを考えたら、拓さんは、よくあの状況を耐えて、乗り越えて、いま、しっかり叩いてくれているなぁと思うんです。

いまに至る過程のなかでは、拓さんがいろんなことを試している様子が、ほんとうによくわかりました。

ある時期から、拓さんは「ライブとスタジオ練習の場面での自分の様子」を、毎回、カメラで撮っていた。それで、うまく叩けていない時には、体を映像でチェックし直しているんです。

うまくいかなくなる危険性を、しらみつぶしに探して、見つけていく。気が遠くなるような長い作業を、拓さんは、映像を振り返ることで続けていった。

それが実《みの》って、ドラムが良くなっていったら、尾崎の声のパフォーマンスも良くなってきたんです。やっぱり、ドラムとボーカルの軸ってつながっているんだなぁ、と実感しました。

だからこそ、尾崎は常日頃から、ビートだったりフィルだったり、ドラムに対してすごく注文していたんだともよくわかりました。尾崎の場合には、ドラムの音をよく聴いて、そこに乗っかって歌っているから、そうなる。その縦のラインが良くなると、ライブも良くなるわけです。

それで、状況が良くなったあとのどこかの時点で、カオナシがほんとうに感激して、「拓さんが良くなって、そこに、尾崎さんも良くなってくると、すごくうれしいです！」って言っていたのは、こっちまでうれしくなったなぁ。

そんなふうにして、クリープハイプは演奏面での危機を乗り越えて、いいライブができるようになっていきました。

それだけたいへんだった時期には、拓さんだけでなく、尾崎もずいぶんいろんな試行錯誤を重ねていました。

拓さんの淡々としたビデオチェックもそうだけれども、尾崎のほうも、とにかく着実にいろんな人の話を聞きに行くなどして、歌を良くするためにできることを、ひとつずつ試し続けていた。その姿勢には「強さ」を感じました。

そういう苦しいプロセスがあって、成果が出て、調子が良くなったわけだから、その後は、尾崎にも拓さんにも、調子が悪くなる前よりも圧倒的に「強さ」を感じるんです。

いまは、理由があって、裏付けがあって、クリープハイプらしい演奏ができているわけだから。なんとなくやっているわけではなくなった。

そうやって一緒に演奏する時間を重ねてきて、いま、バンドメンバー全員で鳴らす音に対して思うことは……この四人って、個性が強いんですが、「音楽的にすごく合っている」ということです。

はじめてスタジオで鳴らした時の感触とは正反対で、いまとなっては、相性の良さを感じます。

まずは、四人に共通して、ミュージシャンとして「泥臭《どろくさ》い」ところがあるんです。これは、それぞれ売れていない期間が長くて、下積みが長かったというのもあるのかもしれませんが、じつは技術的にもそうで、どちらかというと四人とも「大器晩成型」なんです。

若い頃から、いきなりうまくできて獲得していった演奏技術ではないんです。はじめから技術的にうまかったわけではない。

それから、これも「すぐに売れたわけではないがゆえに」なんだろうけれども、好きな音楽も、四人それぞれ、「直線的」ではないんですよね。

若いバンドなら、もう少し音楽的な影響というのもわかりやすいんだろうけれども、ぼくらの場合、音楽の趣味は、四人とも曲がり道をぐねぐね進むようにしていまに至っている。いろんなものを栄養にしてきた。

そうやっていろんなタイプの音楽を聴いてきた積み重ねが、音楽の幅になっているところもあるんじゃないのかなぁ。もちろん、いまももっと進歩したいなと思って、いろんな音楽を聴き続けているわけですが。

＊

演奏に関しても、うまくいかなくなってから点検し直すことで生まれる「強さ」ってあるかもしれません。

曲は、うまくいっている時には、すごいスピードで流れていくじゃないですか。でも、うまくいかなくなれば、意識的に練習して「さらっていく」ことにもなる。

レコーディングやライブの本番で、意識せずに弾けるようにしておくためにも、すごくテンポを落とした状態で弾く。そのなかで、「なんでおれはミスったんだろう?」というところを、はっきりさせるわけです。

あ、そうか、指がこうなってしまうからなんだ、というように、引っかかりやすいところを確認して、直していく。その後は、テンポを徐々に上げていく。

できたと思っても、油断しないで、自分の弾いたものを、練習中でも録音しておく。それをあとで聴き直して確認するなんてプロセスも必要なわけです。「弾ける」と思っていただけで、弾けていない場合も、ありますから。

最近では、そういうところは、いままでよりも細かくチェックして積み上げるようにしています。なぜかと言えば、前よりもっと、出す一音ずつに責任が出てきているように思うからです。

バンドのおもしろさって、やっぱり、ぼくならギターリフのように「自分から出てきたもの」と、あとは「バンドで一緒に合わせた音楽」をしっかり届けるところですよね。もちろん、そこには、たいへんさもある。緊張したりして、思うように届けられない場合も出てきますから。

でも、アルバムを聴いてくれたり、ライブを待ってくれたりする人が多くなって、演奏する会場の規模も大きくなっていけば、最初の頃のように、ただ、ライブをすれば喜ばれるという段階ではなくなっていく。

そういう意味で、自分たちの出す音のひとつずつに重い責任が生まれていくわけです。そこを、よりシビアに考えてプレイしないとな、ということで練習をしているんですね。

エンジニアさんから言われて「参考になった」と思うのは……たとえば、「ギターを弾く時の左手と右手のタイミングを意識するべき」というような感覚的な話が多かったかもしれません。

離れたところで聴いているエンジニアさんは、「音は出ているけれども、トーンがちがう」とか、「正しく弾けているけれども、いまのテイクは、かっこよくない」とか、弾けているなかでの善し悪しというのを、かなり丁寧に伝えてくれます。

そのなかでは、ぼくの場合にはとくに、左手と右手のタイミングを機械的に行きすぎてもダメだというバランスを大事にして弾いているところなんですね。

あとは、演奏に気持ちを入れるということについては……うーん、まずは、尾崎が書いてきてくれた曲を表現するにあたっては、最初に持ってきてくれた「原形」にあたるものから、より、広げたいな、彩《いろど》りたいな、というのが強くある。だから、そういう気持ちで、そのためのフレーズを弾いてみる、というのがひとつあります。

あとは、やっぱり、しっかり自分自身が演奏に酔えて弾けていて、本人が気持ち良ければ、おのずと聴く人も気持ち良く聴いてくれるだろう、というシンプルな感覚があります。そういうところは、いつもめざしています。

酔えて弾けるって、なかなかむずかしいところでもあるんです。レコーディングでもライブでも、緊張する場面があって、時には、やむをえず、消極的に「置きにいった」ような演奏をしてしまう時もありまして……。それって、あとで聴くと、やっぱり「置きにいったこぢんまりした音」になっています。「……ちくしょう、置きにいってしまった！」となる。それなら、演奏に酔っているぐらいのほうが、聴いていてもずっとおもしろいと感じます。

そもそも、ぼくがいろんなライブを観たり、音楽を聴いたりしてきて、すごく惹きつけられたものって、「夢中になれている」んです。やっている人たちが夢中になって演奏しているっていうのが、すごい好きなんです。そこって、やっぱり大事だよな、と思っていまして。

すごくうまいプレイヤーで、ほんとうに高い技術で、しっかりした演奏をしている、ライブの音を聴いても、ぼくの場合は「しっかりしているなぁ」という感想で留まってしまう。感動までは辿り着かなかったりもします。

もっと、自分たちの出している音に「のめり込んでいる」人の演奏がとても好きなんですね。うまい、ヘタとはまた別の次元ではあるのですが。

もちろん、演奏では、うまい、ヘタというのは分かれてくるんです。技術的にできることだって、はっきりしてくる。自分にしても、さすがに、ここの足りない部分は、もはや技術的には補えないな、とか、そういう事情は出てくるものです。

それでも、そうした制約もあるなかで自分にできることのほうを信じて、自分が納得できる音のなかに入り込んでいるような音楽だったりバンドだったりというのが、ぼくは好きなんですよね。

四人ともが進歩してきたなかで、バンド全体としては、いまの四人になって十年が経って「自由度がより広がってきている」というところが大きいですね

ぼくのギターリフは、たしかに、人に言われるように「クセがあるな」と感じます。ぼくのつくるフレーズには、「オレンジ」や「エロ」といった曲のリフのように、「裏拍《うらはく》から入るもの」が多くて、どうも、それが好きみたいなんですね。

その好みが、裏目に出たこともありました。レコーディングした音を調整するＭＩＸ作業をしている時に、サビをもっと「ドーン！」という感じで響かせたい時があったんです。それで、尾崎が「もっと、パンチを出したい」と言ったりして、アレンジで調整するための相談をしていくんですが……。

聴き直したら、「ドーン！」と出したい一拍目に、もう、おれの音がなかったりする(笑)。おれの好きなタイミングで、裏から入っているから、音を出している人数がはじめから足りない……。

気持ち良さを重視するあまり、そういう状況も出てくるわけですが、最近では、「裏拍から入るフレーズ」を楽しく弾くだけではなくて、念のために、「一拍目から入るパターン」も用意しておこうというような、ある意味では「成長」と言えるかもしれないような準備はしています。

クリープハイプの、ほかの三人の成長については……まず、拓さんは、さっき言ったように、叩けなくなったあとにこそ、すごく進化してきたわけですよね。メンバーでは年長者で、「おれが、しっかりしなきゃ」という思いもあっただろうなかで、あそこまでドラムの演奏を点検し直して、軌道に乗せたことがすごいな、と思います。

クリープハイプに入る前のバンドの時代には、拓さんがメンバーの中心にいて引っ張っていたんだろうから、きっと、「そこから、尾崎が引っ張っているクリープハイプに入った」というむずかしさも、いろいろあったんだろうなと想像できます。そういう拓さんの積み重ねを見ていると、努力って、つながっていくんだろうなぁと思います。だから、ドラムがどんどん良くなってきて、拓さんの意見や持ち味がバンドの音でも前に出てきた時には、うれしいなぁと思っていたんです。

カオナシのこれまでの成長は……強く、しっかりとした仕事をするようになっていったという気がします。もちろん、バンドではいちばん年下だけども、もともと、四人のなかでは、かなりしっかりしていた。しっかりしながらも、どこかのところで、頭のネジが一本飛んでいるような、おかしなおもしろさもある(笑)。

そのカオナシにとって、クリープハイプのメンバーになってたいへんだったんだろうなと想像するのは、たぶん「このバンドに入る前に、強烈に尾崎やクリープハイプのことが好きだったところ」なんじゃないのかなぁ。それがあるから、尾崎に対して、もしくはバンド全体に対しての接し方で、むずかしい部分があったりしたんじゃないかな、と思うんです。

そのなかで、カオナシにしかできない仕事が出てきた。バンドのなかで、そういう役割をまかせてもらえるようになっていったところもある。それで、いまは「強く、しっかりした仕事をしてくる」という印象があります。時が経つにつれて責任感が出てきていて、すごく冷静に、正直な意見を伝えてくれる。

「もっと、こうしたほうがいいんじゃないですか？」

そう言ってくれることには、助けてもらっています。おれらがボーッとしていて、なにかできていないことがあった時にも、サッと伝えてくれる。

「こう動いたほうがいいと思います」

「……ごめん、できていなかったわ」

カオナシは、いつもバンドの全体を見ている。そこに、すごく助けられています。

尾崎の進化は、それはもうたくさんあるんだけれども、個人的には、とくに『世界観』や『泣きたくなるほど嬉しい日々に』というアルバムをつくるにあたって、クリープハイプの音楽的な武器をどんどん増やしていったプロセスがすごいなと思ってきました。

普通は、作品を出し続けて、レコーディングの回数を重ねるほど、「できること」と「できないこと」がわかって、ともすると「落ち着く」ことになってしまう。しかし、たとえば、『世界観』というアルバムには、逆に冒険的なアプローチで臨んで、ブラックミュージック的な要素を足していくというような、新しい舵を切ってくれた。つねに自由で、攻めている。そこが、尾崎に対して「やっぱりすごい」と思うところです。

『祐介』という小説を書き始めた頃にも、まだ完成するかどうかわからない時点から、ぼくたち三人には「なぜ、書いているか」を伝えてくれていました。絶対にこれを書きあげて、その途中で得たものをバンドに持って帰ってくるので、と。

そう言ってくれたのがうれしかったし、実際に、ほんとうに持って帰ってきてくれたからこそ、『祐介』という本が出た後に、『世界観』というアルバムをつくることができたわけです。それは、「バンド」という曲の歌詞にも、じかにつながっている。

それにしても、できあがった小説を読んだ時には、驚きましたね。「おぉ、ほんとうに、小説なんて書けるのかぁ……本になっている。すげぇなぁ」という、かなりシンプルな驚きだったんだけれども。

そうやって、四人ともが進歩してきたなかで、バンド全体としては、いまの四人になって十年が経って「自由度がより広がってきている」というところが大きいですね。『世界観』がつくれて、だからこそ、昨年にはさらにポップな『泣きたくなるほど嬉しい日々に』ができて、どんどん、自分たちらしく、メンバーそれぞれがおたがいに「まかせてくれる」ようになってきていると言うのかなぁ。

最近ではとくに、四人で、いい関係性を積み上げてきている。ライブをしながら、それをつくってきたので、四人の風通しが良かったからこそ、『泣きたくなるほど嬉しい日々に』という「曲の良さ」を前に出したアルバムができた。それって、やっぱりうれしいことなんです。

最近では、「生活のリズムを整えること」を大事にしています

尾崎とぼくが一緒に野球を観に行っている、という話題が前のインタビューで出てきたんですか。

そうです。ぼくはもともと音楽以外の趣味がなかったから、「尾崎とヤクルトの試合を観に行く」ぐらいの時間ができて、音楽とのあいだにもちょうどいい距離ができたのかもしれません。

バンドメンバーとの関係って、ずっと話してきたように、いい時も悪い時もあります。家族ではないんだけれども、家族以上に深く関わることもある。もちろん、仕事のパートナーでもある。尾崎とは、「友だち」からの関係でもあるわけです。

おれにとって、バンドってずっと「仲間」のことだったので、「野球、観に行こうか」みたいな時間や、そのあとにちょっと飲んでいる時間にポツリと話す、「なんでもないかのように思えること」は、ずいぶん音楽に生きているなという感覚があります。

たとえば、尾崎がなにをかっこいいと感じ、なにをかっこ悪いと感じているのかが、ちょっとした話題への反応から細かくよくわかるから。

いま、そんな音楽を聴いているのか。今後、すぐにではなくても、こういう方向をめざしているのか。

野球の合間だし、まじめな話をするわけでもないんだけれども、そういうところがポロッと伝わってくる。そういうのを「なるほど」と理解しておきながらレコーディングに入る、とかいうのが、自分としては距離感としていい感じだな、と思っています。

バンドって、好きで始める人がほとんどなんだろうけれども、好きで続けていっても、音楽で飯を食っていくっていうことで考えればうまくいかないことのほうが「ほとんど」ですよね。

だから、音楽をやっている人たちに向けては、簡単に「やめるな」なんて言えない。昔の仲間で、いまもバンドをやっている人もいます。そこは、もう、それぞれにとっての「納得」があるかどうかの選択なんじゃないでしょうか。

だから、バンドで食っていくとか、続けていくとかいうことはとてもたいへんなんだけれども……。でも、大前提としては、バンドって、ほんとうは「自由」を与えてくれるものだな、とは思ってきました。

前に言ったように、小学校の頃の音楽の成績も悪い自分は「バンドなんてできないかもしれない」と思っていたわけです。音楽をできない人間なのかもしれない、と感じていた。でも、そういう人間でも、仲間と一緒に楽器を持てば、バンドで音を出すことはわりと簡単に「できてしまう」。そうやって、「すぐにでも、奏でられてしまう」ところに、バンドのおもしろさを感じてきました。

そして、楽器もバンドも、自分の感情をしっかりと受けとめてくれる。練習して、工夫すれば、自分の頭のなかにあるアイデアを、音楽に乗せて表現することが「できてしまう」。それって、バンドの魅力的なところだし、ギターという楽器らしいありかただとも思うんです。

それから、バンドを組んでいれば、ライブをやって、その瞬間にしかない、ナマものに出会える。それがライブのおもしろさで、いまだに、ツアーをやっていたら、一回として同じライブがないわけです。そういうものってすごい素敵だなぁと思うんです。

お客さんがいれば、時間とかお金を割《さ》いてまで聴きに来てくれたり、行きたいと思ってくれたりするうれしさも、出てくる。やっぱり、バンドってすごく大事な場所で、これからも大事にしていかなければいけないし、そのためには努力をしてその場所を維持しなければならないと考えています。

そういう、バンドに対する考え方の軸は、たぶん、学生時代から、ずっと変わらないままでです。

そうやって、真ん中にあるものが変わらず、広がってきたという感じがあります。そのうえで、若い頃なら「ポップすぎるんじゃないか？」と思っていたようなメロディの良さに気づけるようになったり、楽器の響き方の豊かさを深くわかるようになったり。

むしろ、最近のほうが、「いい音楽」と思える感覚が敏感になってきている。それも、音楽を続けてきて良かったな、と思うところです。

*

最近では、とくにいまのようにツアー中などには、「生活のリズムを整えること」を大事にしています。毎日、同じような生活をすることになりますね。そういうふうにして、自分のコンディションを良く持っていかないとダメだなと思うようになりまして。

だから、起きる時間は決めています。練習時間も決めておくし、体力づくりもしている。前は、晩酌《ばんしゃく》していたこともあったけれど、よく、「朝に疲れているな」と思うようになったので、ライブの前日は飲まないようにしています。

おとといのNHKホールでやる前日には、ごはんも早めに軽いもので済ませておこう、という感じでした。炭水化物はあまり取らず、胃のなかを空にする時間を早めて、睡眠に入った。そうすると、しっかり寝ていて、翌日にアタマがすっきりしている。

うまく眠れないことも出てきますけどね。たとえば、二日続けてライブがある時なんて、翌日のために寝なきゃ、とは思うものの、酒も飲んでいないから気持ちが高ぶったままで眠れない。

だから、ベッドでぼーっとしながら、これだけでも休息にはなっているんだ、と言い聞かせながら過ごしていたり。スマホの「睡眠アプリ」みたいなものを使って、気持ちを落ち着かせて寝ようとしたり。

いろんなことをしています。それもこれも、来てくれるお客さんをがっかりさせないためです。お客さんたちに「来て良かったなぁ」と思ってもらえるかどうかは、ものすごく大事なところですから。

ライブ中に考えていることも、いろいろあります。

この曲で、このリフというのは、意外とお客さんが乗らないんだな、とか。その逆もあったり。それがまず、「ナマものだな」と思います。来ているお客さんの様子も、それぞれのライブでぜんぜんちがう。反応もちがうんです。

反応が見えづらいと言っても、それが「しっかり聴いてくれているからそうなっているのか」「乗れていないからそうなっているのか」が、わからない。でも、目の前に見えている状況は、なんであれ気にしながら、ライブの演奏を進めていく。

つねに「しっかり四人のライブを届けられているかな」と思って演奏をしています。それが無理ならアオリを入れて、とかいうバンドではないから、あくまでも曲で盛りあげていくというやりかたをまっとうします。ライブ中には、会場全体を見たいな、と意識しながらギターを弾いています。

もちろん、前のほうにいるお客さんたちとは、目線がいちばん合うけれども、目線の合わない、奥のほうにいるお客さんにまで、きちんと音楽を届けたい。それから、いろんなところを見ながら、ホールで言えば二階席の上のほうにいる人たちにまで気持ちを向けながら演奏したいな、と心がけています。

「バンド」という曲をライブでやることについては……あれは、会場の雰囲気をすごく変える曲なんです。

だからこそ、毎回はできない曲で。あれを、アルバム『世界観』発売後のツアーでやっていた時には、すごい、ピンと張り詰めた空気になっていましたからね。

お客さんが、「ずっと四人の演奏だけを聴く」というように、空気が変わる。その時間は、素敵でしたね。だからこそ、あの曲を演奏するのには、緊張感があるんですけれど。

あの曲ができた時は、「うれしくて照れくさい」という感じでした。尾崎が歌を入れ終わったあとに聴くことになったんだけど、「バンドというものを、尾崎はこういうふうに思っていたんだなぁ、うれしいなぁ」と思っていまして。

そういう感覚を、曲を通して伝えられることがすごいし、「伝えてくれている」という行為もうれしいな、と。

バンドの魅力っていうのは、やっぱり四人それぞれの個が重なることによって、掛け算になるところだと思います。

より、広がって強いものになっていく魅力がある。そこが、魅力的だと思います。みんなでひとつのものをつくりあげていくというのも、おもしろい。

バンドメンバーのひとりが成長して変わっていけば、そこからの化学反応みたいなもので、ほかの三人もおのずと変わっていく。その連続と言うか。そこが、バンドの素晴らしさだと思います。

さらに広く見て、「音楽の素晴らしさ」というのは……やっぱり、「自分で好きに反応していくところ」なんじゃないかなと思います。

やっぱり、音楽って「自分で好きだから反応していく」に尽きるんだと思う。好きなものを選択して、「こんなのが聴きたいな」とかいって移動していく。

へぇ、このバンドが聴いていた音楽って、こんなのなんだとか、そう思う気持ちも楽しいですし。中学校や高校の頃に聴いていた気持ちなんて、すごくなんて言うか、「自分を豊かにしてくれるもの」という気がしていました。曲を聴いている時には、音楽と自分が一対一で聴いている感覚がある。

当時はとくにエレファントカシマシが好きだったんですけど、ハッパをかけられているな、っていうのがありました。すごい自問自答をしている歌詞なんだけれども、おれはどうなんだというその歌を、自分にも置き換えられるしその内容を広げていける。

自分のなかのいろんなものを広げてくれたのが、そういう音楽なんだと思っています。音楽って、そういう存在ですね。

エレカシで言えば、ボーカルギターである宮本浩次さんは、自分で作詞作曲したものを、ほとんど自分自身に対して歌っているようでもあるんだけれども、それだけではない。だから、いろいろ考えさせられる。そういう、音楽という存在があって、良かったなと思っています。

機械だけではない音楽のすごさというと……うーん、「フレーズだったり音だったりに、その人が見えてくる」というところが、ぼくはすごく好きです。

それで、やっぱり自分の鳴らす音もそうですけど、それぞれ、出す音のなかには、たくさんの「しるし」があるんですね。ビートの「しるし」がある。クリープハイプでは、四人とも「しるし」がはっきりあって、ほかのバンドにも、ちがう「しるし」がある。だから、それを出していく。そういうところは、生演奏でバンドの音を出す魅力なんだろうなと思っています。そこで、ギターにおれではなく別の人が入っても、いまの雰囲気にはならないだろうし。

その「しるし」は大事にしていきたいですね。「そいつがしているから」という雰囲気。だから、「バンドっぽい雰囲気になる」というところです。

このバンドが好きなところは「正直に活動している姿勢」

『泣きたくなるほど嬉しい日々に』は、温かいアルバムだと思っています。いままでだったら、尾崎のほうにも「歌のなかで、怒っていなければ」みたいなことがあったかもしれない。トゲトゲしくいるべきだ、と。でも、それがなくなった。『泣きたくなるほど嬉しい日々に』の制作をしている時には、おれたちのライブが良くなってきて、楽しかったんですね。単純に、バンドとしてライブしていることが楽しかった。お客さんも沸いてくれた。それは、これまで言ってきた話のなかでは「ついに、そういう雰囲気に辿り着いた」って感じです。

最初の頃は、勢いで活動をやれる。けれど、だんだんプロにもなってくるなかでは、うまくできなくなることもあった。

しかし、昨年の段階では、バンドとして状態がいいから自信があって、だからこそ、ポップで温かいアルバムをつくっても、「お客さんは受け入れてくれるだろう」と思えて……。

そうして、自然と、作品がポップになっていったのかなと思っています。いままでやってきたなかの、いい着地点と思ってレコーディングを終えました。もちろん、これからも変わっていくんだろうけれども。

そうしてできたアルバムを、ファンも喜んでくれている。それも、うれしいですね。

いまは、とくに制作はしていないので、こういう期間にこそ、おのおの、次に向けて新しい引き出しをつくっておく準備をしておけたらいいな、と思っています。いまのうちに広げていかないと、次のアルバムで新しいものに挑戦できないので。

バンドの十周年については……途中で、このまま終わってしまうかもしれないと思った時期もあったので、ここまで来られたなぁ、という感慨が深いです。いつのまにか、学生時代からやっていたバンドよりも長く続いている。

いまは、「バンド」と言えば自然と思い浮かぶのは「クリープハイプのこと」です。高校の時からのバンドは「かつてやっていた」という感覚になれている。そういう心境の変化もあるわけです。そのうえで、クリープハイプのこれからが、楽しみに思えている。

このバンドが好きなところは「正直に活動している姿勢」なんです。そこは、尾崎はほんとうに隠しませんからね。「恥ずかしさ」も含めて、しっかりさらけ出していく。途中で感じたことをきちんと歌にする活動に引きこまれているお客さんが多いので、正直さは、これからも大事にしていきたいです。

「隠さない」って、ほんとうに尾崎らしいんです。昔、クルマで移動しながらツアーを回っていた時なんて、バンドメンバーで銭湯に行くなんてこともよくあったんだけど、尾崎ってみんなで風呂に行っても、前を隠さず、堂々としている。浴場で、胸を張って歩いていられる。なるほど、もともとそういう人なんだね、と感じました(笑)。

昨年は、アルバムをつくる前に、二回目の日本武道館でのライブができたことも、良かったなと思います。すごく有名な場所ではあるけれども、ぼくたち四人にとっては、思い入れうんぬんというよりかは、「前に一回目にやれただけではなく、二回目も自然にやれるようになった」という、その「特別ではない感じ」になれたところが、大きかった気がします。

だから、二回目のライブのほうが、すごく記憶に強く残っているんです。特別な場所が、特別ではなく「また帰ってこられる場所」になった。それで、伸びやかに演奏できて、お客さんがほんとうに感動してくれている様子も、ステージからしっかり見ることができた。

やっぱり、同じ場所に帰ってきたことで「落ち着いて、しかも自覚的に表現ができている」「音楽を、よりしっかり届けられている」という実感があったのが、うれしかったんです。最初の武道館でのライブの頃には余裕がなくて、「あっというまに終わったなぁ」という感覚でしたから。

第四章

尾崎世界観

「収入は、すべて音楽につぎこむ。次第に、なんでバンドは大事なのかという部分も、『苦労しているから大事』と、本末転倒になってしまって。これは自分の作品だと、心から思える曲がはじめてできるまでは、悔しさも苦しさも、なんのためにあるかわからないまま、ただ苦労をするためにバンドを続けている、という感じでした」

おざき・せかいかん
ボーカル・ギター。一九八四年、東京都生まれ。
高校在学中の二〇〇一年に「クリープハイプ」を結成している。
インタビューを収録したのは、二〇一九年の四月四日だった。

「いいところ」と「悪いところ」のズレが、我慢ならない時もあります

最近の、クリープハイプのライブの感触については、そうですね……個人的には、いつも、悩みながらやっています。毎回、いいところも悪いところもあるので。

こちらが、「いい」と思ったところに、お客さんがピンと来ていないこともある。悪いと思った時にこそ、「すごく良かった！」と興奮してほめられることもあります。

そんな「いい」「悪い」の判断については、ライブをやるほうと観るほうのズレに、救われてもいるのですが。それでも、そろそろ、やるほうと観るほうの手ごたえがリンクして、つながっていってほしいな、と思っているところです。

たとえば、クリープハイプのメンバーたちが、調子良さそうに演奏している。それは、

いいと思うんです。その時には、小川くん、カオナシ、拓さんという三人の演奏を、そのまま「良かった」とシンプルに感じてもらうほうが、もちろんいいなと思います。それが正しいよな、とフロントマンとして思うんです。

実際に、いまバンドは、お客さんから観てそういう状態になっている。ただ、さっき「三人の演奏」と言ったように、ぼく自身の演奏については、個人的には「いつも煮えきらない」し、悩みながらやっています。

「なんで、ここで、この細かいニュアンスが伝わらないんだろう……?」

「……あれ、ここではできていなかったのに、なんで、むしろ、できていた場合の意図のとおりに『細かいところまで伝わってしまう』のだろう?」

できていないのに、「いい」と言われてしまう。それどころか、お客さんたちは、涙まで流してくれている。そこにウソはない。

できていなかった表現の、「本来、めざしていたもの」さえ、お客さんのなかではきちんと「掬《すく》われている」。受けとめてもらえる感受性のあるところにこそ、こちらも「救われている」という感じなんです。

ただ、そんな「いいところ」と「悪いところ」のズレが、我慢ならない時もあります。

「こんなんだったら、ライブをやっていても人に迷惑をかけるだけで、仕方がないんじゃないか……」とさえ思ってしまう。

するとライブ中でもすべてを投げ出して、子どものように「……やめた！」と言って帰ってしまおうか、なんて考えながら歌っている時だってあるんです。でも、そんなライブでさえ、お客さんには表現が「届いてしまう」のは、いつも不思議に思います。

なぜ途中で投げ出すことをしないでいられるのかも、ちゃんと「お客さんたちが、ウソではなく、聴いて心を動かしてくれている様子が目の前に見えるから」なんです。だから、「やめさせてくれない」という感じもあります。そのぐらいに、時には追い詰められた心境で、ライブに臨んでいます。

いい場合でも、どうも、「料理人なのに『まかないめし』をほめられた」みたいな、「いや、これは、まだ、手間をかけていない時点での仕事なんだけど……」という質のものを、「おいしかった」「また食べたい」と言われているような感覚が出てきます。

そういう、ふてくされた自分の気持ちの「揺れ」が、マイクを通して外に流れている――。

バンドとしては、いま、三人のメンバーの演奏が「かっちりしている」「しっかりしている」ぶんだけ、自分の浮き沈みが声の「振動」になって、外に出ている時期なんじゃないかと思っています。だから、しんどいですね。

公開リハーサルも含めて七本という今回の追加公演のように、ライブの本数が少ないツアーの時には、技術的に「しっかり、早めにかたちをつくって、決着をつけなければ」というところもあります。

昨年のツアーは、全国で二三本やって、その「長さ」のなかでかたちをつくっていくという良さがありました。そういう、期間との兼ねあいのなかでは「焦るところ」があるんです。

MCで喋る言葉は、いつもなにも考えずほとんど事前に決められないまま、その場で思ったことをただ単純に伝えています。前までは、「言うことを決めるのはいやだから、そこまではしないけれども、MCで言う内容のなんとなくのイメージは決めておく」なんてこともありましたが。

でも、今回はとくに、「なにも決めない」だけでなく、「なにも思いつかない」という、追いこまれたところで話しています。だから、MCが来るたびに「やばい」というなかでやっていて、だからこそ、正直に喋れているのかもしれません。

ただ、MCについても、さっきの「いいところ」「悪いところ」と一緒で、「音楽を、言葉で補完したくない」と思いながらも「喋らなければいけない」という矛盾をはらんだものとして捉えています。

そういう、多少は「ふてくされた」とでもいうなかで、「あんまり喋りたくないけれど……」と話しているがゆえに、いつも本音を喋れているんだと思います。それがお客さんにそのまま響いてくれて、喜んでもらえているというのも、やっぱり不思議ですね。

とくに、いまは文章をものすごく書いている時期なんです。だから、MCに関しても「言葉を駆使《くし》して、人に伝える時期」という感じではありません。言葉でなにかを構築していくことは、すでに日々書いた文章のなかでやり続けているので。

ただ、いま受けているインタビューのようなものは、言葉でやりとりはしていても、MCのように言葉を扱っているのではなくて、むしろ、「演奏している」のに近い感じですね。対話というか、会話というか、「誰かと一緒にやっていくもの」というか。

演奏みたいなものだから、インタビューでは、質問で「投げかけてもらった言葉」によって、だんだんこちらの調子がチューニングされていく。だから、インタビューでは、いつも「ダメだった」という印象はないんです。

これはラジオの放送も同じで、やっぱり感触としては、「演奏している」という感じなんです。会話のやりとりというのは音楽的で、緊張することも含めて、新鮮な刺激になってくれます。そこでは毎回、やっぱり「ダメだった」感じはほとんどありません。

それに、「対話をすること」は、いつも勉強になるんです。以前、フジテレビの「#ハイ―ポール」という番組で声の出演をさせてもらった時にもそうでした。こちらはポールというキャラクターの声として出演するのですが、毎回、約三組のゲストと対話することはすごく勉強になりました。

そうやって、会話によって積み重ねていくタイプの仕事をしていると、目の前にいる人に対して、「なにかを提示していく」という技術が磨かれていきます。

この四月からは、TBSラジオで『ACTION』という、夕方からの二時間生放送の番組に挑戦しています。今度は、これまで深夜ラジオでやってきたよりも「聴く人の年齢が高いところ」でやれるので、さらに勉強になっていくだろうと思っているところです。『ACTION』初回のゲストに来てくださった立川談春さんなんて、まさに「なにかを提示していく」という、その話をされていましたし……。談春さんは、スタジオのなかで、聴いているこちらを的確に見て話すだけでなく、その奥にいるお客さんたちの様子までくっきり見えているようでした。

だから、談春さんは「自分の言葉は、確実に伝わる」という確信を持ちながら喋っているように見えるんです。そこを見習いたいと思って、話をさせてもらっていました。

むしろ、女性の目線がわからないからこそ、「遠慮なく歌詞にした」

いまやっているようなホールのライブには、独特の緊張感があります。

これは技術的な話ですが、自分たちの鳴らしている音があまり大きくは聴こえてこない。反響にしても、リアクションにしても、ライブハウスほどは、じかに返ってきづらい。

だから、「いい」と思った演奏をやっているつもりだけど、演奏している渦中では「……大丈夫なのかなぁ」という不安も出てきます。そういう不安があるぶんだけ、「お客さんたちのいる場所の、もっと奥まで届けよう」と思って演奏しています。

すると、結果的に反応もきちんと返ってくる、という印象があります。

「目の前にいるお客さんそのもの」に届けることのみをゴールとして狙うのではなくて、「もっと別のところ」まで狙わないと、実際には「目の前のお客さんにも届いていかないだろう」と思っているんです。

だから、お客さんだけに特化して届けようと思ってはいけない気がしています。

さっきの談春さんの話で言えば、スタジオにいて話している人たち、それを聴いている人たちだけでなく、「もっと、奥にあるもの」まで考えて喋らないといけない、ということです。

単純に「いいライブをして、MCで喋って感動してもらって……」という決まりごとだけの完成度の高さをゴールにしていたら、仮にそれを達成できたとしても、いまのクリープハイプにとっては納得のいくライブにはなりません。いまの時期、このバンドは、「もっと、もっと」と探っていかなければいけないと考えているんです。

ライブをやる会場も、だんだんとですが、恵まれた状況になってきました。同時に、コアなファンの方々もついてくれている。だからこそ、もっと行かないと未来が見えてこない。

では、その先にある未来とはなにかというと……「それがなにかを、探る」ということをやりながら、ライブで演奏しているんです。だから、個人的には「ライブは、どこまで行っても、完全には届かないものだなぁ」と思ったり、「音楽の聴かれ方も含めて、人にものを伝えることへの疑いが強くなってきたなぁ」と感じたりしながら、それまでの自分たちの上限を壊していこうとしている。

「アルバムをつくって届ける」という循環についても、同じような姿勢で、いつも、いい意味で疑問を持ちながら関わっています。既存のシステムを鵜呑《うの》みにしているだけでは未来は見えてきませんから。

ライブもアルバムも、なにか「もっと、遠くに向けて放っていく」というイメージでやっているんです。そうして投げた方向の途中にお客さんがいて、トップスピードで当たっているという。そこでは、お客さんに、こちらの表現としてのボールを「うまくキャッチされすぎてもいけない」。

むしろ、「受けとめきれない」「突き抜けている」という表現でないと、と思うんです。

もちろんお客さんにとっては、演者の投げたボールを、表現した意図も含めてまるごと受けとめる喜びもあるでしょう。その場合には、演者も「届ける達成感」を味わえるだろうとは思うんです。

けれども、それでは同時に「すでに、捕獲できてしまったもの」としてお客さんのなかにコレクションされて、「終わってしまう表現」かもしれないとも感じています。

だから、いまはお客さんにはものすごい豪球を投げこんで、時には「……手が出せなかった！」という体験をしてもらう時期にあるのかもしれない。

お客さんにとって、自分たちのいるのと同じ「地べた」で生きているという親しみを放つのもいいことです。それも、これまでのライブやアルバムではやってきたのですが、それだけでは飽きられてしまうという危機感を持っています。

最近、そういった表現について話をしている人のなかでは、芥川賞を受賞された小説家の町屋良平さんに、そんな「剛速球を投げる気概」みたいなものを、すごく感じます。

町屋さんは、芥川賞受賞作の『1R1分34秒』をはじめとする小説で、どちらかと言えば「しっかり伝える」「受けとめてもらう」ことをするよりは、「どこまで突き抜けられるか」という表現に特化しているように思えます。その姿勢が、すごく刺激になっています。町屋さんの作品は、ものすごく遠くにまで届くボールを投げていて、簡単には渡さない。全身全霊を使って受けとめなければならないから、「読むほうも試されている」ような感受性が必要な表現を、思いきって伝えている。でも、それが「いつか、さわりたいなぁ」というほど、素晴らしいボールになっています。

たしかに、自分も十代の頃から、そういう「届かない」表現に憧れていた記憶があるんです。

もちろん、表現というのはいろんなおもしろさがあるのだから、時には「ゆるいボールをキャッチしたい」こともあります。どっちも必要なんです。同じクリープハイプというバンドでも、もちろん、どっちの表現もできたらいいですよね。

いま、ぼくとしては、お客さんの気持ちを「引き受ける」という感じでは接していません。むしろ、「受けとめてほしい」と言い続けてきた。受けとめてもらう表現を続けてきたなかで、お客さんとの関係が深まってきたようにも感じます。

「女性の目線からの気持ちが、よくこれだけわかりますね」とよく言われるのですが、それも「受けとめてもらった」結果論に過ぎないんです。むしろ、女性の目線がわからないからこそ、「遠慮なく歌詞にした」。だから、結果的にそのように伝わってくれたのではないかと思っています。

ぼくは男で、女性の気持ちは「予想」ぐらいはできても、根本的にはわかっていない。だから、好き勝手な言葉で歌詞を書くしかない。へんに寄りそおうとか、ほめられようとかしないで、思いっきり自分の気持ちを本気で書いてしまう。

ほんとうに遠慮がないなかで、どんなことをしても自由だからこそ、それが、「時には、思いっきり当たることもある」ということなのだろうなと思います。

そんなふうにつくった歌詞が、ファンの方によっては「いまや、自分の生活の一部で、なくてはならないものになっている」と言ってもらえることは、素直にうれしいです。ただそれも、結果的に「お客さんにとって、そうなっていたらいいな」という程度なんですけどね。

こちらから、ぜひそういうものをつくろうなんて思わないし、ましてや「みなさんの応援歌にしてほしくて」とか、「時代の空気を探って、現代の課題に対して答えを出してやろう」という下心を持たないでつくるからこそ、結果的に強い表現になって「そう思ってもらえる」んですね。

ぼく自身も、いろんな人の言動や表現が、「自分に対して、じかに向けてのものではないからこそ、自分にとって特別でグッとくるものになる」ということを体験してきました。そこは、「すでにあるものに、こちらの気持ちを乗っけていきたい」という感じなんです。

たとえば、ヤクルトの試合を観に行くとしますよね。

すると、こちらとしては「まだ、けっこう寒いなか、しかも大事なツアーの時期に行くというのもあるから、勝ってくれたらいいけどな」と思うんです。ただ、それはあくまでも「勝手に思いたい」んですね。

そこは、ヤクルトの選手から「あなたのためにあのスリーランを打ちました」と連絡されるほどの近い関係性では困る。その感情は、こちらで勝手に乗せさせてくれよという感じなんです。

ほかのファンの姿を見ていても、そこに応援のおもしろさがある。球場で客席に座っていても、見ず知らずのおじさんが、「一〇〇パーセント自分の都合で」雄叫《おたけ》びを上げて喜ぶ姿に「いいなぁ」と思うんです。

そういうおじさんたちが、球団や選手から遠ければ遠いほど、横で眺めていても気持ちいい。そのほうが純粋な応援に思えるんです。つながりが切れているからこそ、健全な距離感になっている。

そのほうが、ファンにとっては、非日常的な空間としての野球を、「自分たちのもの」

として思い思いの応援で主体的に楽しめる。だからぼくは、選手たちには、自分たちのプレイ以外に「なにもしてくれなくていい」と思っています。過剰な「ファンサービス」なんていらない。

ファンであるこちらは、好きでお金を払って観に行くんですから。交通費だって好きで払う。試合のための時間も、好きで確保する。だからこそ、負けた時にだって、ファンには謝ってほしくありません。負けたって、ぼくはまた好きで観に行くんですから。

……じつは、いま言ったようなことを、クリープハイプのお客さんに対しても想像するんです。「そういう気持ちで観てくれている人たちを、大切にできたらいいな」と思っています。

そういうお客さんなら、むしろ、「君のために歌う」なんて言われたら、ヤクルトを応援している時のぼくと同じぐらい、「冷めてしまう」はず。だから、「なにも知らない」距離感でお客さんに向き合ったほうがいいと思ってステージに立っているんです。

それぞれの理由でライブに足を運んでくれるお客さんの気持ちは、もちろんありがたいです。けれども、それは「勝手に、自由に楽しんでもらえるからありがたいんだ」というぐらいのほうが、活動がブレない気がするんです。

そこで、へんにこちらから歩み寄ってしまえば、お客さんにとって、「いてほしい肝心な時に、いてほしい場所にいてくれない」存在になりかねない。活動がブレて、別の距離感でお客さんに向かってしまえば、そもそも好きになった時のクリープハイプとは変わり果ててしまうかもしれない……。とにかくずっと、「定位置でいたい」ということです。

ぼくのヤクルトスワローズに対する気持ちにしても、「いつも、定位置にいてくれるチームという存在」への憧れですから。へんに変わろうとせず、むしろ定位置にいてくれたほうが、ファンであるぼくは「絶対的なものに対して、勝手な応援を続けられる」んです。

だから、クリープハイプも、大事にしてくれる人たちにとってそういう存在であるためには、ブレてはいけない。ちょっとでもお客さんに引っ張られたら、そのあたりが、むずかしくなってしまうのではないでしょうか……?

*

もちろん、だからと言ってぼくは「お客さんの反応を見ようとしない」というわけではありません。クリープハイプの活動に対して、ネットなどでいろいろと書かれたりすることもずいぶんありますが、ぼくはそれらをしっかり読んできました。

ただ、そういう時でも、ぼくとしては「自分たちのズレを観測しやすい」と思うぐらいなんです。バンドの立ち位置を確認するきっかけにしています。反応はしっかり見るけれど、お客さんの気持ちのほうは、あまり気にしすぎないですね。そこは「よく知らない」というぐらいの距離感が、ちょうどいいと思っています。

お客さんの気持ちについてだけでなく、そもそも、「知らない」という距離感は、ぼくにとって大事なものです。ほかには、さっきの「届かない表現」という話にもつながるかもしれませんが、「理解できない」という距離感も大切にしています。

いまは、なんでもつい「知ろうとしてしまう」世の中ですよね。

SNSなどのネット上において、誰かを否定するための言い方で、「……誰、こいつ？」というのがあります。その言葉で、まるで誰かを否定できたように思っている人をよく見かけます。でも、ぼくには「自分が無知だという事実を、声高に、かつエラそうに広めている」ようにしか見えません。自分の知っているものがすべてだと思うからこそ、知らない人のことを「誰？」と言い捨てて、「知りもしないやつの言うことなんて、聞く必要がない」と書くのは幼いですね。

ただむしろ、そういう「知らなかった」という場面では、本来ならば、「自分は、この人の活動を知らなかった。世の中に取り残されているかもしれないぞ」と心配したほうがいいんじゃないか。ぼくは、そう思います。そのぐらい、「知らない」ところから始まるおもしろいことがたくさんあるはずです。

たとえば、たまたま自分の知らなかった物書きの方がいた。その人の書いた本を読んでみたらおもしろい。お、これまで五冊も本を出しているのに、ぜんぜん知らなかったぞ……。

そう気づいたら、「これから四冊もさらに読める、知らないからこその喜び」があるわけですよね。もちろん、その方をデビュー作からリアルタイムでずっと追っていくという「よく知っている楽しみ」もあると思います。でも、それと同じぐらい、「これからの喜び」も大切にしていいと思います。

だから、「この人、めちゃくちゃいいなぁ」と思えたその時期は、いつでもかまわない。「いつ知ったのか」というよりも、「そのつど、知らないもののなかに飛びこめること」にこそ、自由がある。

音楽の世界でも、「……え、いまの音を出している時点で、まだビートルズを聴いていないの？　それなら、聴いたらさらに可能性が広がるじゃん」という考え方があると思いますが、それと同じで、「知らないところに可能性が広がっていく」ということを、最近いろんな意味で感じています。

だから、ぼくはこれからも「知らない世界」に飛びこんでいきたいし、お客さんの気持ちも「知らない世界」として尊重し続けたいと思っています。逆に、お客さんにとってはクリープハイプの音楽が、時には「理解できないぐらい、すごいもの」「知らなかったもの」であったらいいなとも思っています。

外の世界での挑戦は最終的に「バンドにつながること」が大事

J－WAVEでのラジオ番組『SPARK』は、三年間やっていました。放送を始めて一年半ぐらいしてからは、自分なりのリズムができていったんです。

深夜という時間帯と、毎週一時間という尺のなかで、こういう話を伝える場だというかたちが、だんだんできていきました。

たとえば、「こんなふうに愚痴《ぐち》を言って、それをリスナーの方々に喜んでもらって……」というようなリズムがあった。もちろん、すごく楽しくやっていたことです。しかし、同時に、続けるたびにというのか、ある意味では「軌道に乗る」につれて、「この番組というパッケージのつくりかたでは、ファンにしか伝わっていないな」という悔しさを抱えていきました。もちろん深く聴いてくれる方たちに対しては、ありがたさを感じながらもです。

だから、次第に「ファンに向けての話しかできないことは、かっこ悪い。もっと、開けたところでラジオに挑戦していきたい」と考えるようになっていったんです。そういった欲も、ラジオをやり続けたからこそ湧いてきました。

すでに心地良い番組をやらせてもらっているけれど、もっとなにか「広いところ」……さっきの話で言うのならば、「もっと遠いところ」にまで届かせなければ、ファンクラブの会報で終わってしまうと思ったんです。

そんななかで、「平日午後のＴＢＳラジオ」という、リスナーの年齢層から雰囲気までまるでちがって、それこそ「アンチ」もいるかもしれない環境で新番組に挑戦していることには大きなやりがいを感じています。

時には、無理解に対して腹も立つけれど、同時に、ラジオでやれることは「こんなもんじゃない」「まだ、もっともっと」というふうに、毎週勝手に思って放送に臨んでいます。だから、そんな一連の挑戦をやりきるところまでやりきったらどうなるか……に毎週チャレンジしているつもりなんです。現状では「かなり力が足りないな」と感じさせられていますが、その感覚も楽しい。「……まだ、こんな思いができるのか」というのが、新鮮ですから。

じつは、音楽というジャンルのなかでは、そこまで「まったく新鮮」にものごとを感じられないんです。

もちろん、音楽に関しても、まだ悔しいことはたくさんある。うまくなりたいところが山ほどある。

けれども、音楽については、やっぱりそれなりに長い期間ずっとやってきたので、いろんな意味で「わかってしまっている」んです。自分にはなにが足りないのかも見えてしまう。それから「自分の限界がここである」ということについても見えてしまう。

そのあたりは、評論やネット上の評判よりも、かなり正確に把握しているつもりです。足りないことや、限界などをふまえながらも、そのうえで掘り下げられる可能性はあるので、わかってはいてもいろいろと頑張るんですけどね。

ただし、「ここには限界がある。それについては、裏ワザとしてこういう打開策を選択すればバンドにとって聴いてくれる人が増えるような動きが出るかもしれない。でも、それをやったら自分たちの音楽ではなくなるから……」というところもプロとしてかなりシビアに見ているんですね。

そこでは「そういう方法を使って広がるぐらいなら、やらないほうがいい」というような意地もあるんです。だからこそ、音楽の世界に関しては、少なくともぼくやクリープハイプにとっては「なにがいいのか、なにが悪いのか」というところが、「よくわかっているからこその苦しみ」もある。

わかっているからこそ、「膠着状態《こうちゃく》」みたいなものが訪れますね。「わかっているから、たいへん」という要素は出てきています。

でも、いま言ったラジオもそうだし、小説やコラムなどの執筆もそうですが、「他流試合」に臨んでじわじわと成長していくなかで、「なにがダメか」というのも、まだ厳密にはわかっていません。でも、そこがすごくおもしろいんです。

さっきの話につながりますが、「知らない」「わからない」ということを、楽しんだり、そこで勉強したりしているという……。

だから、他流試合のような場面では、とくに積極的に「自分のなにがダメなのか」を人に訊いたり、確認したりしています。そのあたりの勉強は、かならず音楽に返ってくると思っています。

そうやって、「知らない、わからないという自分の至らなさ」に向き合うプロセスのなかでは、気づくことがいくつもある。その新鮮さを、かつてそうだったように音楽で感じられるのが、ほんとうはいちばんいいのですが。でも、十代の頃からバンドばかりをずっとやってきたなかでは、それなりに音楽というものの本質が見えてきています。

音楽の世界では、自分にとっては「これ以上わからない」というところも、クリープハイプというバンドとして「ここには、手を出したらいけない」というところもわかっている。だからこそ、他流試合をする外の世界から新鮮な発見を持ち帰ってきて、それを音楽づくりに活かすというサイクルを大事にしていきたいですね。

それは今後も、それぞれ一年や二年かけてやっていくプロジェクトをいくつも抱えながら続けていこうと思っています。

*

小説を書く時もそうですが、外の世界での挑戦は、ぼくにとって最終的に「バンドにつながること」が大事なんです。そういう意味では、小説のなかにも、ラジオのなかにも、いつも音楽があります。

なおかつ、フロントマンであるぼくがクリープハイプというホームグラウンド……「家」のような居場所を不在にして、外に出かける時間を多く取ることで、じつはメンバー三人の表現のレベルがすごく上がってきています。

自分がいない。「家」を空けておく。

家族で言うなら、親がいつも家にいるわけではないという状況によって良くなることって、きっといっぱいあると思うんです。隠れていろいろやれることがある。

親の目の届かないところでこそ、子どもはのびのび成長できるところがあるじゃないですか。

ここ数年は、いま言ったような意味で、バンドという「家」を空けておくことで、「メンバーにそれぞれ考えを深める時間がある良さ」を感じています。そうやって放っておいた時間があるなかで、「次に集まったら、なにをしよう」というバンドとしての活動は、さらに良くなっていく。時に不在にするからこそ、「いること」や「四人で集まること」の意味が大きくなるというのは、ほんとうに強く感じるんです。

前に立つ人間であるからこそ、そのぼくが「家」にいつまでもいないという時間をつくれるようになってきているのが、バンドにとってはとても価値のあることだと思っています。

ぼくがいないからこそ、いる時の意味が、より出てくる。このへんは、「バンド」という曲の歌詞にもつながるかもしれないけれど。きっと、組織のリーダーにも、そういうところがあるんでしょうね。大事なことをみんなでやるためには、一緒にいない時間を豊かにすることにも価値がある……。

それに、「いない」と言っても、ただ遊び歩いているわけではないですから。さぼっているわけではなく、いわば、ラジオや執筆活動や取材などを通して、「狩り」に出かけている……。

最近、悔しいと感じることで、それは基本的に「こちらが至らないから」なのですが、思うように活動の幅を「広げていけないところ」もあるんです。メジャーデビューから七〜八年ぐらい経ったいま、世間から見ての「新鮮さの更新」「穴の掘り下げ」のようなものは止まりかけています。

そういうところに、クリープハイプは直面しています。そういう時期を迎えても、音楽だけの活動で淡々とやっていこうという選択肢がある。でもぼくの場合は、わりと前から、「状況が停滞しかけたら、『新鮮さの更新』や『穴の掘り下げ』は、外の世界に取りに行こう」と思っていました。

もちろん、音楽に対しての姿勢には前までとそれほどのちがいはないんです。そこは、しっかり決めています。「……ここだ」という掘り下げるべき音楽の鉱脈は、自分たちでわかっているし、簡単に変えたくはない。

自分たちの音楽の良さはいつもわかっているつもりです。「これじゃなきゃダメだ」というところについては、もう、「誰かに聞いてわかる」というものではないんです。自分たちで見つけなければならない。音楽についてのそういう段階は、とうの昔に過ぎている。

でも、その音楽表現を「続けていくため」には、なにをしなければいけないか。そこでは、「新鮮さ」の供給もいるんですね。

たとえば、既存の商品に加えてほかの商品に挑戦するのもいいけれど、そもそもそれは、既存の商品を「これしかない」と大事にするためにやるというか。

ほかの商品づくりで得たアイデアを、既存の商品の質を上げるために使う。そして、別の世界から資金を取ってこなければいけない……と、バンド活動を事業のように考えるところも自分にはあるんです。

音楽の幅を無理に広げることはしないけれども、クリープハイプというバンドの世界は、ぼくが別の世界に行って「狩り」をしてくることで少しでも広がるように、と思ってきました。

それをやっていくうちに、外の世界の人たちとのいろいろなつながりもできてくるし、こちらもいろいろなものを見られるし……という。それが、音楽にフィードバックされていくわけです。

そして、「家」にあたるバンドのほうでは、メンバーたちは、いないあいだに、それぞれクリープハイプの意味を考えるだろうし……。そういう、活動を続けていくためのシステムみたいなものが固まったのは、この十年間のいろんな試行錯誤の結果だと思うんです。

そうして、必死になって外の世界でやってきたことを抱えて戻ってきたら、バンドの状況も自然と上向いていました。

久しぶりに戻って四人で会うたびに、バンド自体の骨組みも強くなっていったんですね。そのうえで、バンド内がいつまでもそれぞれ近い距離で固まり続けることは、困難を乗り越えるためには「損」というイメージがあります。

みんなでひとつずつの危機に向き合うよりも、ひとりはこの敵を倒す、同じタイミングで、もうひとりは別の敵を倒す。そういうチームプレイとしての戦いができるようになってきているといまは感じます。

自分がバンドにいない期間中にはこういうことをしておいてほしいと伝えているわけでもありません。だから、それぞれに課題を見つけて解決するようにして、バンドの演奏や状態を良くしてきたのは「自然と、そうなってきたこと」です。

すると、ライブの演奏も「調子がいいね」とほめられることが、増えてきています。

途中で、わりと長くバンドという「家」を空けた時には、「こんなに不在で、大丈夫かなぁ」と思ったこともありました。でも、その時点では、がむしゃらになって外の世界で挑戦をしなければならなかった。

すると、そのあと、結果的に「演奏がうまくなっている」と言われるようになって……。だから、「それで良かったんだな」と思っています。もちろん、演奏はもっとうまくなりたいですけどね。

それまでいろんな困難はありましたが、そんな感じで、いまのメンバーが正式にクリープハイプに加入してからは十年、メジャーデビューしてからは七年という時期を迎えているところです。

バンドって絶滅危惧種なんだと思います

いい時期になってきました。その頃、横並びでデビューした人たちの多くは、もう表舞台にはいません。そういう意味では、バンドって絶滅危惧種なんだなと思います。

メジャーデビューした当時には、ぼくたちよりもずっとブレイクしていたバンドが多くいました。ともかく、多くのバンドを見上げていた。

そのなかのとあるバンドは、いまもずっと活動していて、このあいだ久しぶりに聴くことになったのですが、当時に売れた曲の続編をつくっていました。

そうか、といろんな感慨があったんですよね。そのバンドは、どんな気持ちで「売れた曲の続編」をつくっているのか。もしかしたら、ぼくたちもたくさんしてきたような悔しい思いを経たうえで、あらためて「売れた曲の続編」をつくっているのかと思ったんです。

その人たちが食えているかどうかはわからないのですが、音楽を続けていくということについて、考えさせられました。そうか、向こうもこちらも、長くやってきたんだなとも思った。

それでも「活動を続ける」ということは、とても大事だと思います。それによって、わかることがとてもたくさんあるので。

たとえば、悔しかった記憶も、すぐに消えてしまうんだとリアルにわかりました。怒りを覚えていた対象も、そのうち物理的に目の前からいなくなってしまう。それで、怒りを向けようがなくなるというか、「……あれ、あんなに大きかった怒りの気持ちは、なんだったんだろう」ということにもなる。そんなことになるなんて、以前は知りませんでしたから。一生忘れないと思った怒りを、気づいたらほとんど忘れていたりするという。これは、音楽を続けなければわからなかったことです。

バンドという集合体は、周囲にいる人たちから助けてもらって活動を続けていきます。そんな「周囲にいる人たち」のひとりである、ぼくたちが所属している事務所の社長が、ある時、こちらの知らないところで窮地に立たされていたことがありました。

社長はライブハウスも経営しているのですが、そのライブハウスと同じ建物のなかに入っているレコード店や美容室が手を組んで、ずっと社長のライブハウスを潰そうとしていたんです……。ライブハウスからの音が「騒音」だと文句を言い続けてきていて。

クリープハイプがメジャーデビューするよりも前の時期です。まだ、レコード会社には所属せず、つくったCDを社長の事務所からインディーズで流通させていました。その頃、プロモーションがなかなかうまくいかず、自分たちから見たら「事務所からお金をかけてもらえていない」ということになり、去ろうとしていたら「待って」と言われました。

その頃、社長は忙しくしていたのですが、それは、裁判をずっとやっていたからなんですね。「騒音」と称する音量にしても、細かく正式に計測して法律的に問題がないというように、いまでもあるそのライブハウスの営業ができるように、周囲と戦っていたんです。

あまりにも「騒音」とクレームをつけられるから、ある場面では譲って、エラそうに上から言ってくるその人たちの意見に従ったりもして、悔しい思いをたくさんしていたようです。社長は、ぼくらには言わずに、そういうトラブルとずっと戦っていて。

でも、さっき言った両者はどちらも建物からいなくなった。レコード店の跡地は、いま、事務所の一部になっています。ほんとうにものすごい悔しい思いをしたのに、そうなっていくと、物理的に怒りが薄れるんですよね。もうなにに怒ればいいのかもわからなくて。

いま言ったライブハウスには、ぼくは、バンドメンバーがいなくなって、ひとりで弾き語りをしている時にブッキングされたんですよね。

そこで、女の人が「私の虫歯の穴を塞《ふさ》いでくれた、あなたの舌が忘れられない」と言う曲を歌った時に、社長と出会ったんです。それを聴いてくれた社長が、そんな内容だけど「感動した！」と言ってくれて、それがつながって、事務所に入ることになったんです。

社長はもともとバンドマンで、いまも、インディーズでバンドをやり続けています。社長のような人たちのありかたも、バンドをめぐる世界のひとつですよね。

どんどんノルマが増えていって……

友だちとバンドを組んで、ライブハウスでライブをやり始めたのは、高校生の頃でした。最初は、入場料が五〇〇円だったんです。五〇〇円のチケットを、ぼくらバンドメンバーが購入して、配ったり買ってもらったりする。「ただで配れば、友だちはいくらでも来てくれる」という感じで、楽しくライブをやっていました。

ライブハウスを使うためのチケットノルマは、たしか、その時点では二五枚だったような気がします。三人のバンドだから、ひとり四〇〇〇円ぐらい出し合えばライブができる。そこで、さらにたくさんチケットを買って、五〇人ぐらいの人を呼んだことがあったのですが、すごく盛りあがったんです。

その時はうれしかったですね。来てくれたみんなが、それぞれ、ライブを楽しんでくれているのがよくわかりました。はじけたやつらが、客席で肩車をしたりしていた。メンバー三人のいろんな友だちに配ったチケットだから、高校のちがう人たちどうしが、同じ空間にいることによって、なんか、ちょっと仲良くなり始めたりもしていました。それも、いい光景で。そのライブでは、自分たちは「いいことをしている」という感じがあったんです。バンドのライブを通して、みんなが楽しそうにしてくれていたので。

当時付き合っていた彼女にいったん振られていたんだけど、そのライブでは、オリジナルの曲をその人のために歌って、よりが戻ったりもしました。「いいことしかないなぁ、最高だなぁ、バンドっていうのは……」。そう感じたんです。

そこまでは良かった。

ただ、そのあと、ライブハウスのブッキングマネージャーが「すげぇな、おまえたち。これだけ売れるなんて、高校生のレベルではないから、チケット一枚五〇〇円の高校生のワクではなくて、もう、一般のワクで勝負できるはずだ」と言ったんです。

これを、こちらはまるで「いいこと」のように受けとめてしまった。バンドにまつわることは「いいことしかない」と思い込んでいたので。

でも、それは単に「ノルマがきつくなる」ということだったんですよね。現実的な意味としては「一六〇〇〇円のチケットを、三〇枚売らなければならないこと」のようでした。するとし、四万八〇〇〇〇円払わなければライブができなくなる……。ライブのたびに、ひとり一万六〇〇〇〇円用意しなければ、ライブハウスでの活動を続けられない。平日に七バンド突っ込んでいるブッキングのなかで「夕方五時半から、出番は二十五分間」という地獄でした。

やってみたら、人はガラガラだし、終わると、「反省会」と称するものが開かれて、ライブハウスのブッキングマネージャーからいろいろな「アドバイス」を受ける。

「次は、二十四日、二十八日、三十日のなかで二本のライブをやれ」

そうやって、ほとんど自動的にブッキングされ続けるんです。金銭的に、どんどんきつくなっていきました。

でも、その人がこわいから、「できません」と断りきれず、状況がどんどんきつくなっても、やめられないんです。

どんどんノルマが増えていって……もしかしたら、「訴えたら勝てる」レベルで、ブッキングを無理強いされていたと思います(笑)。

でも、若くてものを知らなかったから、その人の言う「ここから逃げたら、おれが関東じゅうのライブハウスに連絡して、活動できないようにしてやる」という脅しを鵜呑《うの》みにしてしまっていた。いま考えたら、その人ひとりの意向で、「関東じゅうのライブハウスに出入り禁止に」なんてできるはずがないのですが……。

しかも、活動がある程度のところまでいくと、そのこわいブッキングマネージャーから、「ボイストレーニング」を受けなければならなかった。その人は元バンドマンで、若い頃にCDデビューをしていたようなのですが、ボイストレーニングはカラオケ店でおこなわれていました。

もちろん、カラオケの費用はこちら持ちです。それにプラスして、ボイトレのあともえんえん続くカラオケに付き合うか、もしくはごはんを食べるかという二択をせまられる。

その人は、すごく食べるから、ごはん代は五〇〇〇円ぐらいかかる。カラオケにしたら朝まで歌うから、お金も時間も取られる。「どちらにしてもいやだ」という選択をしなければいけない、すごいライブハウスでした……。

ぼくたちはまだツアーを組んでもらうレベルではなかったから良かったのですが、ツアーを組んでもらうぐらいのバンドは、その人が地方についてくる時の交通費やホテル代を持たなければならなかったようでした。

あのライブハウスのことを思い出してみたら、きつかった記憶がいくらでも出てきます。どうしても客を三〇人呼べ、と命令されたライブもありました。そういうイベントの時は、ライブハウスに七バンド出るうちの三バンドが、地方から来た人たちということもあるんですね。残り四バンドのなかに、ぼくたちもいて、だからこそ、「その四バンドには、とにかくそれぞれ、絶対に三〇人を呼ばせる」という。

すると、確実に一二〇人はお客さんが入るじゃないですか。地方から演奏しに来たバンドはそれを見て「すごい集客力のライブハウスだ」と思う、というシステムです。

地方のライブハウスとも関係があるなかで、遠くにいるバンドが来てくれるわけだから、「イベントには人が入っているほうが、ブッキングマネージャーとしては鼻が高い」わけですね。

そういう時には、変動制のノルマが導入されていたりもしました。三〇人呼べたら、ノルマは一万六〇〇〇円でいいけれど、二九人であっても、とにかく三〇人に満たなければ、ノルマは六万円ぐらいに跳ね上がる。そういう事情があるから、別のバンドの一コ上の先輩などは、駅前でホームレスにチケットを渡して「これでお酒飲めるから来てください」と伝えていたりして……。

そういうイベントの時に、こちらが時間を間違えていたこともありました。五時半始まりだと思っていたら、五時始まりだった。それがリハーサルでわかって、「五時半からだと思っていたので、五時からはやれません。人も集められません。無理です」と電話で伝えたら、リハーサルしている現場にその人が飛んできました。

「おい、おまえ、年上に向かってあんな口のききかたをしやがって……!」

おそろしい剣幕でした。

「わかった、三十分押しで、やってやるよ。それで三〇人以上入らなかったら、タダじゃおかねぇからな。いいな、それで!」

とにかくもう、ライブをやれるような精神状態ではなくなるぐらいの責められ方をしたんです。

そういうこともありました……。

小さい頃からずっと、ものをつくるという入り口にすら辿り着けなかった

バンドをやり始めた、十六歳、十七歳ぐらいの時期というのは、とにかく、なにもかもが「わからなかった」です。

子どもの頃からずっと、まわりと同じようには、ものをつくれなかった。そのままの状態で高校生になっていました……。

小学生の頃なんて、授業を受けていても、まず話が頭に入ってこなかった。はじめは「きちんと、話を聞かなきゃ」と思って机に向かっているのですが、気づいたらほかのことを考えていて、しばらく時間が経っている。ハッとして、授業の話に追いつこうとする時には、もうすでに大事な説明の部分は終わっていて、「……あ、また、やってしまった」「どうやっても、無理だ。ついていけない」となっていました。

とくに、ものづくりに関してが、そうだったんです。

図工なんて、むしろやりたいことだったはずでした。でもぼくは、ものづくりの入り口にすら立てなかった。先生がつくりかたを説明する段階で、よそ見をしてしまう。

机の上に置いてある粘土などを、おもしろそうだなと眺めてしまう。この素材がなにになっていくんだろうと空想しているうちに、さっきの話と同じで、どうやってつくるのかという説明は、とっくに終わっている。

すると、そもそもなにをつくればいいのか、どうやってつくるのかさえわからないまま、作業の時間に入ってしまう。なにをつくるのかさえわからないから、やっぱり進められません。

できなくて困っていると、図工の先生が半分ぐらいやってくれる。こちらとしては、ものづくりそのものにはすごく興味があるものだから、満足がいかないんです。できたものは、半分は先生につくってもらったわけだから、「うーん、自分にとって大事なものにはならないなぁ」という感覚がずっとありました。

普通は、つくったものが「どういう出来になっているのか」というところでなにかを思うのだろうけれど、ぼくの場合は、そもそも、ものづくりのスタートラインにさえ立てていなかった。

いいのか悪いのかとも判断できていなかったんですよね。よく「失敗した」という挫折の物語が語られるけれど、ぼくの場合は失敗するよりもっと前の段階でつまずいていたから、挫折をすることさえできていなかった。

自分としては「小さい頃からずっと、ものをつくるという入り口にすら辿り着けなかった」。だからこそ、なにかをつくりたくて、音楽をやってみようとしたわけです。

でも、やっぱり、「これは、ほんとうに曲になっているのか？」というところで、かなり長いあいだ、ものづくりについてはよくわからないままでした。

それは不思議な感覚でした。だめだ、とか、「曲になっていない」と思うわけではないんですね。「曲になっていない」ことの確信すらないんです。だからやめられなかった。

そんななかで、曲はどんどんたまっていきました。

ライブハウスだけでなく、路上でもライブをしながら、曲をつくり続けていきました。

ノートには、コード進行と歌詞を書いていたんです。書いた内容はどんどんたまっていく。しかし、「曲らしきもの」は、たくさんあるけれども、どれが作品でどれが作品でないかはわからないな……と思っていました。

それでも、音楽というのは、自分ではじめて「ちゃんとつくったもの」だったんです。だから、そのノートは捨てられなかったですね。

ゴミなのか、そうでないのか、というのがわからないままだと感じていました。わからないまま、ずっと音楽をやっていた。

そんな感じだから、人と集まってバンドを始めても、達成感なんてなにもないんです。最初から、「自分のつくった曲を演奏する」という活動しかしていませんでした。

そうすると、バンドを組んでも、まわりはみんな「へたくそ」だし、コードの動かし方にしても、「……これは、なにかがちがうのかもしれないな」と思ってしまう。たまに「合っているような気がする時もある」というぐらいなんです。だから、バンドというものには、ぜんぜん肯定的ではなかった。

ライブハウスからたくさんのチケットノルマを課せられたので、バイト生活でそれを払いながら、それでも、ライブハウスに出てライブをやり続けることになりました。でも、ずっと「この音楽で、合っているのかが、わからない」と思っていました。

同じライブハウスで見かけるまわりのバンドたちは、もっと演奏がうまかったりして、「音楽っぽい感じ」がありました。自分たちはアングラな感じで、へたくそでしたね。ただ、世の中には「アングラでへたくそな音楽」も、ちゃんと存在しているわけです。それもあって、アングラでへたくそな音楽である自分たちも、「成立してしまっている」とも言える……。

このあたりは結局答えがないから、音楽になっているかどうか判断がむずかしいんです。自分で決めなさいと言われているようなものですから、「決めていいなら、それは、自分の作品がいちばんいい」とは思いたい。

でも、言いきれないというか。なんなんだろうな、という感じです。かといって、客観的に審査をされるようなバンドのコンテストに出てみても、雑に扱われたりしたから「悔しいな」と思ったりして……そんななかで、バンドをやっていましたね。

そういう、「かたちがあるようでないバンド活動」に、アルバイトで稼いだお金を、すべてつぎこんでいました。

すると、だんだん、「自分の作品が大事」というよりは、「そうやってアルバイトしたお金を、すべてつぎこんでいるから、バンドは大事」という感覚になっていってしまったんです。

苦しむために頑張っている、というか。苦しむためにバイトをしていて、苦しむためにバンドを続けているという。

苦しめば、いちおう「音楽活動」は成立するわけです。逆になってきたんですね。音楽活動のために苦しむのではなくて、苦しむことのなかには「頑張り」があるから、大事なはずだと思っていました。

その本末転倒な感じは、きつかったです。ライブハウスのノルマに対してバイト代を払い続ければ、バンドマンでいられる。そのサイクルのなかで、生活が完結してしまっていた気がします。

つくっている曲に対する手ごたえは、しばらくは変わらないままでした。相変わらず、「ピンと来ないまま」だった。そんななかでも、友だちを誘い続けていたんです。でも、だんだんライブハウスに誘う電話には出てくれなくなって。

当時、一年に一回ぐらいは「自主企画」と言って、頑張ってお客さんを呼ぶライブをやっていたのですが、それもいま思えば、動員された友だちにとっては迷惑なことだったのかもしれない。

こちらとしては、久しぶりに満員になって、気合いを入れて頑張るのですが、複雑な気持ちでしたね……。

つくった音楽を焼きつけておきたい

小川くん、カオナシ、拓さんは、それぞれバンドを始めた頃の、「スタジオに入って音を出したのが楽しかった」という話をしていたんですね。

でも、ぼくは最初から、自分のつくったものをコピーバンドというかたちを経ないでバンドで音にしていたので、音を出すこと自体の楽しみは感じていませんでした……。

曲をつくることはやっていました。だから、曲の内容がいいかどうかは別として、自分の曲でバンドをやってみようとしたけれど……スリーピースのバンドで音を出してみても、「自分のつくったものが、かたちにならないものとして返ってくる」という感じでした。

「意外と、音に出してみたらいい感じになるのでは」と思ったら、想像よりもひどい。曲のなかの不安要素がでかくなって返ってきただけでした。

「……なんだ、これは」というのが、スタジオではじめて音を出した時の感触でした。スタジオ代もかかるし、自分にとっては、「ものすごい高いカラオケ」というふうに思っていました。

音楽を、つくりたいけどつくれない、という感覚はずっとありました。

二十一歳の頃に国立《くにたち》に引っ越して、その時にもいろんな曲をつくっていました。その頃ぐらいから、「性的なものを歌詞にする」という方向性に加え、さらになにかあればいいなど考えていたんです。そんななかで、だんだんと、いまもライブでやっているような曲ができ始めました。

性的なものを歌詞にすること自体は、十代の後半ぐらいから見つけていた。それは自分なりの鉱脈でした。その「性的なものを歌詞にすること」については、少なくとも自分のまわりにさわっている人がいないように見えていたからです。

下ネタとして扱ったり、コミックバンド的に笑いを誘うためだったり、という意味では、性的なものを歌詞にする音楽はいくつもありました。しかし真剣に、ちょっとしめっぽいものとして、性的な歌詞で曲をつくる。これはもしかしたら「どうにかなる」んじゃないか、と思いました。

性的なものを歌詞にするというぐらいの時期から、言葉の選び方にしても、自分のなかでは、言葉遊びを中心にしていくというリズムができていきました。

たとえば、「夜になれば／いつも／悪いことしたくなる」という歌詞は、次に出てくる時には、口から出てくる言葉としてはまったく同じでも「悪い子としたくなる」という、別の意味に受けとめられるようにする。「悪いこと」をしたいというのと、「悪い子」としたいというダブルミーニングで、韻を踏んでいける。

国立に引っ越す頃には、すでにメンバーは変わっていたけれど、「二代目のクリープハイプ」といった感じで、歌舞伎町にある新宿の小さなスタジオでCDをつくったりしていました。そのレコーディングは、うれしかったですね。

五〇〇円で売るデモの作品を、コツコツとレコーディングしていって、「できあがった」ということ自体に喜びがありました。

できたCDは、きちんと売れもしました。五〇〇円で六曲入っていて。CD－Rに焼いて、インクジェットで印刷もしたり、パッケージも自分たちでやりました。「やっと、ものになったな」という感覚が、出てき始めていました。

かたちにならない音楽活動に、ずっと焦りや苛立ちを感じてきたんです。メンバーも、そのうちいなくなってしまう。だったら、つくった曲をレコーディングしておきたい。そこに、力を入れるようになっていきました。

つくった音楽を焼きつけておきたい。そういう気持ちが、どんどん強くなっていったんです。音楽は、放っておいたら、空中で鳴って消えてしまうだけで、いわゆる物体にはなりません。そういうなかでは、どんなメディアでもいいから、「焼きつけておきたい」「とどめておきたい」という意味で、CDというかたちにしておこうという欲求が強まっていった。

ものにして、つかまえておきたい。十代の終わり頃から二十代のはじめぐらいにかけての、ぼくのいちばんの目的は「ものにすること」だったんです。だから、レコーディングがなによりも大事な音楽活動でした。

自分がつくった曲は、演奏するだけではいつか消えていくだけ。だから、かたちを持っていなかった音楽を、目に見えるものとしてつかまえて保存しておきたい。そういうところを強い動機としながら、ぼくはCDをつくり続けていました。

CDをつくるためにスタジオでレコーディングすると、どんどんお金がかかるので、そこのところは、「早く仕上げたい」「でも、なかなかすんなりできない」と思い、焦っていました。

そうやって、音源づくりを大事にしていたのは、過去のメンバーに対する気持ちからでもあったんです。

自分のつくった曲だけは信用して、それを、きちんとCDという「ものにする」ということをやっていこうと。意地になっていました。

その頃は、メンバーに対して、あくまでも、「いずれ、いなくなってしまう」かもしれない人たちだと捉えていました。しかし、作品は信じられる。

CDができあがるとメンバーがやめていく、という感じでした。メンバーに「強く言う」ところは、いまもありますが、昔からそうでしたから。

メンバーの人生にも、バンドを続けられなくなるいろんなことがあったんです。家庭の事情でどうしても栃木に帰らなければならなくなったメンバーは、東京に来るのに往復で三〇〇〇円ぐらいかかるというなかで、ライブや練習に来てくれていたりしました。

それでも、ある時に、急にライブに来なくなる。いつも、当日に突然いなくなって、連絡が取れなくなるのが「メンバーがやめるタイミング」で、こちらとしては、「また、これかよ……」という感じでした。

生まれてはじめて、明確に「自分の作品」ができた、と思えたんです

国立に引っ越しても、クリープハイプの活動は、ずっと煮えきらないままでした。バンドのメンバーがやめたら、新しいメンバーが見つかるまでのつなぎで弾き語りのライブをやる。そのパターンが定番でした。

弾き語りをやる時期というのは、結果的には、ターニングポイントになることが多かったのかもしれません。さっき言ったように、いまの事務所の社長と出会ったのも、そうでした。

ある時、またメンバーがいなくなったことがあったんです。その時期にも、ライブハウ

スに出る予定があったので、ぼくはひとりで弾き語りをする予定でした。

「よし、明日のライブでは、気軽に、好きな音楽をやろう」

前日には、そう思っていました。

でも、またメンバーもいなくなったしな。困った……アルバイトも、しんどいし。

いつものように、そんなことを思いながら、ライブをやる当日の朝まで起きていたんです。

国立のアパートの、小さな部屋で。寝っ転がって、足を上げて、足の裏を、壁にもたれかけさせる。ラクな姿勢になって、小さな音でギターを鳴らしていました。

その時に、不思議なことが起きました。

それまで、曲が一気に書けるなんてことはなかったんです。歌詞も、曲も、どちらもかたちにするまでには、ずいぶん手こずっていたから。

でも、その時にはなぜか、歌詞も曲も、いきなりすべて揃って、一気につくれてしまったんです。すごいな、と思いました。

しかも、めちゃくちゃ手ごたえがあった。なんだろう、こんな気持ちになったことはないなという。その時につくったのが、「イノチミジカシコイセヨオトメ」という曲でした。

寝っ転がってリラックスした状態のなかで、ストーリーがパッと入ってきたという感じでした。歌詞に出てくる女の人の子どもの頃はこんな感じで、というような情景が鮮明に思い浮かんで……それだけでなく、曲自体も最後まではっきりできてしまった。

「よし、これを今日、歌おう」

そう思って、つくりたての曲を覚えてから眠りました。

夕方にライブに出かけて、「イノチミジカシコイセヨオトメ」を歌ってみたら……「あの曲、良かった」「あの曲、なに?」と、新しい曲について、すごい訊かれたんです。それも、「やっぱり、伝わった」という感じでした。

これは、もしかしたら、自分の代表曲と言えるもののひとつになるのかもしれない……。

そういう感触を大切にしながら、次には「手と手」という曲もつくりました。

その二曲を通してなんです。「やるせない気持ちを、ビートに乗せて疾走《しっそう》させる」という、クリープハイプの音楽にとっての、ひとつの方法を確立できたのは。

その二曲をつくった時に、生まれてはじめて、明確に「自分の作品」ができた、と思えたんです。ほんとうにはじめて、「あ、曲ができた」と思ったんです。「これは、自分の音楽だ」と腑に落ちた。

小学生の頃から「ものづくり」ができなくて、その後もずいぶん時間はかかったけれど、ようやく、はじめて、「ものづくり」ができたと感じました。

それは、とてもうれしかったです。でも、なにか技術や方法を積み重ねてそこに辿り着いたというよりは、バンドにメンバーがいなくなって、やけくそになった時期に、「なぜか、そうなった」というのが不思議でしたね。

分岐点となるような曲ができたら、それまで自分の悩んでいたこともはっきりしたんです。

その前までにつくっていた曲については、前に言ったように、性的な要素を歌詞にすることで新鮮な世界を見つけようとしていました。しかし、エロという要素だけでは、どうしても足りないものがあるとも感じていたわけです。

エロにはなにかがあるんだけれど、「それだけ」を歌うのでは、どうしてもさわれないものがある……。そこで、けっこう長く、壁に突き当たっていました。

自分なりの感覚で言うのならば、「ただ、汚れをなすりつけただけで終わってしまう」というような。お客さんに渡すものとして、それはどうなんだ、とモヤモヤしていました。いまのままでは、どうやら聴いてくれる人にとって幸せじゃないかもしれない……。そのところを、はからずも解決できたのが、さっき言った二曲のありかたなんです。

そこで、「大事なのは、ビートなんだな」と思いました。

性的な要素も含んだ「やるせなさ」や「絶望的な感情」を、ビートに乗せて、ものすごく疾走させる。

そのことによって、歌詞のストーリーは、ものすごいスピードで目の前を過ぎ去っていくことになる。よく聴いてみれば、どうしようもない、割り切れない状況が歌われているとわかるけれど、ビートの疾走感のなかでは、やるせない「引っかかり」が、ドライブして、グルーヴを生んでくれるんですね。

それが、クリープハイプの個性と言われるものの原点になった気がします。

やり場のないストーリーに対して、ビートの疾走感がある種の気持ち良さを与えているんです。決して浄化したりはしないから、袋小路に迷いこんだり、行き止まりに行きあったりした感じは「そのまま」で。

それでも、とにかく、そんなストーリーのまま、音楽として疾走させていく。そうやってつくった「イノチミジカシコイセヨオトメ」は、はじめて演奏したライブで小川くんも聴いてくれて、「いい」と言いに来てくれた記憶があります。

その後も、もちろん、あれこれ苦労はするのですが、苦労することの質がはっきりと変わっていったように思います。それだけ、「イノチミジカシコイセヨオトメ」ができたことは、大きかった。

モヤモヤしていた、出口が見つからない状態から、少しだけ気持ちがラクになったんです。「なんのためにつらい思いをしているのかが、ちょっと、見えてきたような気がする」という感じでした。

自分の曲と言えるものができる前までは、もちろん、バンドはずっと続けているけれど、その活動はいったいなんのためのものなのか、まったくわからないまま苦労だけをしていたんです。

音楽も、バンドも、なんなのかわからないままやっていた。こちらの心情としては、「苦労をしなければ、バンドをやっていることにはならない」という。でも、音楽やバンドそのものには、意味を見いだせていなかった。

アルバイトという「いやなこと」をする。仕事もできないから、バイト先ではいつも肩身の狭い思いをしている。

でも、そこで得られた収入のすべてを音楽やバンドに注ぐということで、なんとか意味を見いだそうとしていた。それだけだった。

でも、「イノチミジカシコイセヨオトメ」ができた頃からは、そういう「つらいこと」をしている意味が、やっと見えてきたんです。そうか、こういう曲をつくるために、いやなことをしてきたんだとわかった。

それまでは、「いやなことをしていること」で「頑張ること」ができているような気になっていたんです。だから、「いやなことをすること」は、目的になってしまっていた。ずっと、バンドがうまくいかなくて悔しかったし、なんのためにそんなに悔しい思いをしているのかもわからなかった。

けれども、「自分は、こういう音楽をつくりたくて、こういう音楽をつくっているのにもかかわらず人に伝わらないことが、ずっと悔しかったんだ」というところが、はっきりした気がしたんです。「イノチミジカシコイセヨオトメ」のように、自分の曲と言いきれるものをきちんと伝えていきたい……ここでようやく、道筋ができました。

そのあと、自主制作で出したCDには、「イノチミジカシコイセヨオトメ」も、「手と手」も入っていました。しっかり売れたように記憶しています。のちに、メジャーデビューをした際のアルバム（『死ぬまで一生愛されてると思ってたよ』二〇一二年）にもその二曲は入っていて、クリープハイプの土台になってくれました。

その二曲にしても、いろんなメンバーに演奏してもらってきたからこその作品だと思っています。クリープハイプは、ずいぶんたくさんの人たちがつないできているバンドなんです。

このバンドの土台ができるまでには、誰がどこをつくったのかわからないほど、いろんな人の手が入っている。その土台のぐちゃっとした信憑性《しんぴょうせい》のなさは、クリープハイプらしい独特なものだと思うんです。建て増し、建て増しでいびつにできていった建物みたいで。いまのメンバーたちも、そういうバンドの歴史から、明らかになにかを受け継いでいるんです。けれども、それが「誰からのなんなのか」、まったくわからない。

それは、バンドのすべてを見てきたはずのぼくにも、もはや、わからないんです。

ネットで調べると、クリープハイプのウィキペディアにはいろんなことが出てきます。でも、基本的には、「ほんとうのことばかりではない」んですよね。抜けている大事な情報がずいぶんありますから。

たとえば、バンドのなかに誰がいつまで在籍していたのかということについても、ぜんぜん網羅《もうら》されていないんです。腹が立って忘れようとして、ほんとうにすっかり忘れてしまったような出来事も多々ありますから……。

メンバーたちによって、「思い通りにならない」けれど、
メンバーたちがいなければ、「バンドにさえならない」

いまでも「曲ができた」とか、「いいな」と思える時には「これは絶対に、さわっちゃいけない」という感覚があるんです。あの頃は、そういうものをようやく感じ始められた時期でした。

それを感じてからは勢いが出てきました。自分なりに「これだ」という、音楽のなかになにを持ちこんだらいいのかが、はっきりわかったからです。バンドをやり続けることについても「踏ん張り」がきくようになって、肚《はら》が決まった。

野球のピッチャーで言えば、それまでは上半身だけで投げていたけれど、下半身も使えるようになったという感じです。しかも、なんのために悔しい思いをしているのかわからないような経験を重ねるうちに、いつのまにか、これも野球で言えば「肩や体力もできあがってきている」状態になっていたので、「イノチミジカシコイセヨオトメ」以降は、曲をつくるのが楽しくなりました。

そうやって自分なりの「これだ」と思えるものが見つかる前まで、どうしてメンバーとぶつかり続けていたのかといえば……まずは、「メンバーに対する怒り」を、曲をつくるための燃料にしていたところがあります。

そのぐらい、バンドメンバーに対する怒りをずっと持っていました。

怒っていないとやっていけない。そう思っていた時期もあるぐらいです。

「メンバーに、自分のことを信じてもらえていない」

そういう悔しさをぶつけていくと、より、強力なものができると思っていました。

ただ、それも、音楽やバンドというものをうまくやれない自分に対しての苛立ちだったのだと思います。つまり、怒りによって、なにに対して戦っているのかと言えば、「自分」に対してだったんです。

バンドメンバーたちとの、曲づくりをめぐるやりとりを通して、「自分自身と対峙している」という感じでした。だからこそ、その「自分と自分の戦い」のあいだに立たざるをえなくなったメンバーたちは、次第に疲弊していって、やめていった。

「イノチミジカシコイセヨオトメ」のような曲ができる前まではとくに、自分で自分のことがわからないというなかで戦っていたから、どうしても答えの見つからない消耗戦のようになっていたんですよね。

うまく曲ができない。だから、バンド全体が疲れていく。それで、曲ができたらできたでメンバーがやめていく。

そういうなかでは、メンバーとわかりあいたい気持ちもあるけれども、「裏切られたらどうしよう」「裏切られる前にこちらが裏切ってやれ」と疑心暗鬼にもなっていた……。

ただ同時に、そんな状況が、「メンバーが固まらないから、うまくいかない」と言える逃げ道になっていました。「メンバーさえちゃんとしていれば」という言い訳ができる。

それが、自分に対しての、成功できていないことに対する「隠れ蓑《みの》」になっていた。

＊

ぼくは、途中でメンバーがいなくなった時期でも、ひとりで「クリープハイプ」と名乗ってきました。サポートメンバーをつけた時期もありますが、それも「クリープハイプ」というバンドの活動だと思ってきました。

これまで「ソロで音楽をやりたい」と思ったことはないんです。なぜかと言えば……音楽を、「ひとり占め」するつもりがないから。これは、そうだとしか言いようがない感覚です。

個人としては、すごくわがままです。我も強い。欲もある。でも、なんでバンドをやっているかと言えば、「喜びを分けあいたい」とか、「それができるのが、バンドである」というのがあるんですすね。

だから自分の場合には、音楽をやるなら、バンドでなければと思ってきました。

人前でライブをやるにしても、自分の好きなバンドでの音楽は、メンバーがいなければできないわけです。

ひとりでは、弾き語りはできるけれど、バンドにはならない。メンバーがいないとできないけれども、メンバーがいたらいたで、自分以外の人たちと組むわけだから、「思ったとおり」にいくことなんてほとんどない。

メンバーたちによって、「思いどおりにならない」けれど、メンバーたちがいなければ、「バンドにさえならない」。でもバンドがやりたい。それが、いまのメンバーたちに会う前までの、自分の正直な気持ちでした。ずっと、どんなメンバーたちに対してもそういうことを感じてきた。

「バンド」という曲をつくった時期には、もう音楽で生活ができていました。でも、あの曲のなかには、いままで話してきたようないろんな感情も入れています。

バンドを始めた頃から、ずっと変わらずやってきたことを曲にしたわけですが、「ずっと感じてきたことをはじめて曲にできた」んです。

そう考えてみたら、どの時期のメンバーも、自分の気持ちをぶつけさせてくれたんだと思います。

どのメンバーも、気持ちを受けとめてくれていた。しかし、とくに初期の頃に、「受けとめてもらえるだけでは納得ができなかった」のは、きっとぼく自身に自信がなかったのだろうと思います。

作品だと言いきれるものができていないから、怒りや焦りを抑えることができなかった。

そういう事情は、のちに「自分の音楽」と思えるものができなければわからなかったわけですけど。

歌詞をつくり始めた頃というのは、いまよりもっと、どうしようもなくイライラしていました。だから、音楽で歌う内容も、「怒り」をエネルギーにしていた。性的な要素と同じように、「怒り」を鉱脈にしていたんです。

そのへんが周囲とちがうから、「世界観がいいね」とずっと言われ続けていたんだろうと思います。よくわからない、どうカテゴライズすればいいかわからない存在だから、知ったような「世界観」という言葉で語られてしまうのだろうな、とも感じていました。

だから、またいつものように「世界観がいいね」と言われる前に、こちらから言ってやろう。そういうことで、ぼくは自分の名前を「尾崎世界観」に変えたわけです。

ライブハウスのなかでは、そうやって「独特だね」と言われるけれど、基本的には、どうしようもないバンドとしての活動が続いていました。ライブをやってもガラガラで、三人ぐらいのお客さんの前でやっているというような。

そこそこの規模のライブでは、対バンで、事務所と契約しているようなバンドも演奏していて、そこについてきているマネージャーに「なにか、感じるものがある」なんて声をかけられることはあったのですが……。それも、「声をかけられるぐらい」で終わっていた。

はじめは、「怒り」を曲にすることぐらいしか、自分にはできることがなかったのですが、いつからか、その後もわりと多用してきた「怒り」というのは、かなりのスピードで人に伝わるものだなと感じていました。

「怒り」にはいいところもあるんです。それはなにかと言えば、「怒りは、怒りでしかない」というところ。「怒り」は、それ以上の「いいもの」にはならない。ぼくとしては、その「純度の高さ」がいいと思っていました。

たとえば、「優しさ」って、もっと「ねたみ」や「卑《いや》しさ」など、いろんな感情にも流れていきやすくて、内容がズレやすいように感じていたんです。しかし、ぼくにとっての「怒り」というのは、感情として固定されている。

その感情の「強さ」には裏切られないな、と思ったんです。自分と風通しがいい感情が、「怒り」だったんです。

だから、この「怒り」という素材であれば、すぐにものをつくることができると感じていたんです。早くかたちにしたいし、結果が欲しいと思っていたので、そこに突っ込んでいったんですね。

あとは、ぼくが音楽を始めたのは二〇〇〇年代で、いまよりも「怒り」をぶつける場所がなかったことも大きいですね。いまなら、SNSでどんどん「怒り」を前に出せるけれど、以前は、そうではなかった。だからこそ、みんながあまり前に出していない「怒り」を素材にしたらいいんじゃないかと思い、そんな曲をつくっていました。「怒り」は、立ち上がりが早いですから。

一回だけのライブであっても、その高揚感があまりにも本物だったから

いまの三人のメンバーに入ってもらう前に、サポートメンバーをやってもらっていた別の三人は、その三人で別のバンドをやっていました。

三人は、クリープハイプの音楽も好きでいてくれていた。気のいいやつらで、ぼくも大好きだったのですが、三人でやり続けているバンドという「家」のある人たちです。どこまで行っても、三人に加入してもらってクリープハイプになる、ということはない。

だから、三人に迷惑をかけないように、その三人と組んでいる時は、あくまでも「サポートメンバー」たちとの、よそゆきの楽しさを味わっていました。それでも、三人が自分たちのバンドの話をしている時には、どこか、さみしさも感じていました。

そういう空気感も、当時、その三人とレコーディングしたCDには出ています。まだ、メジャーデビューはしていないけれども、多少はお客さんも入るようになっていた時期で

すね。

そのあたりで、いよいよ、ちゃんと音楽で悩んでいると言えるようになっていきました。正式なメンバーと組んでいるわけではない時期だからこそ、課題を冷静に見つめることができたんです。具体的に言えば、「音質も含めた、レコーディングの環境をひとまわり成長させなければ」というところです。

演奏技術にしても、もっと、飛び込んでくるような勢いがなければダメだろう。そのあたりは、好きな三人と組んでいても、「まだ、技術的には、ほんとうに人気のあるバンドになるためには、折り返し地点ぐらいまでしか行けていない」と感じていました。

逆に言えば、「折り返し地点ぐらいまでは来られている」という自負も、もうひと頑張りすればさらに行けるという感覚も、あったわけです。だから、メンバーの技術のことも、考えていました。

あとは、根本的に、いい曲を、手数多めに出し続けていくしかない。そんなふうに戦略を探る時期が続きました。

そのなかで、三人とレコーディングしたCDが、タワーレコードで思っていた以上に売れました。そして、発売後にそのCDの購入者特典ライブをすることになっていたんです。

しかし、さっき言った三人は、その三人で組んでいるバンドの活動があって、その日は埋まっている。一度、いまいちばん興味のある人たちをサポートメンバーとして誘ってライブをやってみたいと思って。それが、いまのメンバーたちです。

いざライブをやったら、お客さんは満員だったし、三人の演奏からも熱気を感じた……。「あ、これは、もしかしたら、この三人でいけるんじゃないか?」

そう思ったんです。大きかったのは、そのライブでは、「こんなに気を遣わなくていいなんて、久しぶりだ」という感覚があったことでした。

ぼくはずっと、お客さんに対して気を遣い続けてきたんです。

楽しみに来ている人も、付き合いで来ている人もいるけれど、ライブを通して、少しでも憂鬱《ゆううつ》な気持ちを忘れてほしい。

いつも、その目的を達成するために気を遣っていたのですが、その日のライブは楽屋の空気から、いつもとちがっていました。

楽屋にいる時点で、漏れてくる話し声などから客席の雰囲気が伝わってくるのですが、その時点で、温度の高い人たちがステージの前に寄ってきている感じがあった。

どうも、期待してくれているみたいだぞ。こんな気持ちで楽屋にいたことって、これまでなかったな。

そのまま、ステージに出ていく。ライブで演奏している時の温度感も、それまでとはちがって、やっぱり、「こんな気持ちでライブができるんだ」とはじめて知りました……。しかも、そのライブでは、それまでいろんなメンバーとのあいだでえんえんと考えてきた、「演奏について、今後の課題だと思っていたこと」も、自然に解決していたんです。

その時のクリープハイプをめぐる状況が良かったのか、メンバーの状態が良かったのか、なんなのかはわからないのですが、とにかくいいライブになったんです。やっぱり、あの一本のライブが、その後の明暗を分けたように思います。

ライブは、体感として「一瞬で終わってしまった」。すごく楽しかったんです。

とにかく高揚感がありました。その高揚感って、「いいことをしている」という確信なのですが、それはほんとうに、久しぶりのものでした。

それまではずっと、自分のわがままでバンドをやってきた、といういじけた思いが続いていました。まわりの人たちに迷惑をかけ続けて……としか、思えていなかった。「夢を追いかける」ことには、多少なりともそういうところがあるのかもしれないのですが。それでも、そのライブでは、自分の理想を追いかけているのに人が喜んでくれているということを、はじめて実感できたような気がします。

その「人のためにもなれている感じ」というのは、忘れられなくて。だから、今後クリープハイプをどうしようという時にわりと悩みました。すでにサポートをしてくれている三人のことは「いいな」と思っているのですが、小川くん、カオナシ、拓さんとやったライブの、その延長線上でつながる世界にも行ってみたい。

悩んだとはいっても、それは、すでにサポートしてくれている三人にどう伝えたらいいか、というところであって。きっと、自分のなかでは早いうちに答えは見えていたんでしょう。一回だけのライブであっても、その高揚感があまりにも本物だったから、抵抗できなかった。

そして、「いいことをしている」という感覚には、高校時代にやった初ライブ以来、ものすごく久しぶりに、ようやく辿り着いたというのがありました。心の底では、ずっとどこかで待ち構えていた。

小川くん、カオナシ、拓さんと一緒にやったあのライブの感じを、いろんな人たちと共有したいと思うようになりました。「喜びを分けあう」というバンドならではの楽しさも、やっぱり、すでに自分たちのバンドを持っているサポートメンバー三人とのあいだでは、掛け値なしに共有しきれてはいなかったんです。

彼らが、こんなライブが決まった、こんな記事に取りあげられたとなれば、どこか自分にとっては悲しみになっていた。サポートメンバーの三人がやっているそのバンドのことも、ぼくは好きだったので、活動をやめさせたくはない。向こうとしても、クリープハイプだけ調子がいいなら、それはいくら好意的にサポートをしてくれていても、おもしろくないはずだろうし。

……いま、自分では正直に話しているつもりですが、それでも、ここで話したことには、時間が経って「綺麗事」が挟まってしまっているのかもしれません。

どこか奥底では計算高く、小川くん、カオナシ、拓さんという三人と一緒にやったほうが、「上に行ける」と直感していたのかもしれない。ぼくは、「情」も大事にしてきたつもりだけれど、小川くん、カオナシ、拓さんには、音にも姿にも、魅力的な「華」がありましたから。

＊

いまのメンバーと最初に音を出した時には、合わなかったけれど、その「しっくり来ない」ところにしっくり来ました。

ここまでズレがあるというのは、ただ単純にダメだったんじゃなくて、「それぞれ、持っているものがしっかりあるから」だろう。そのぐらい、いままで人と演奏していて感じたことのない「合わなさ」で。「なんだこれ」と思ったんです。その感覚は、たぶん三人にもあったはずです。合わなさすぎて、「でも、おもしろかったですね」って笑っちゃう感じ。「こんなに合わないんだ」というぐらい、ゴツゴツした音が鳴っていました。

吹き出してしまうぐらいの「へんなところ」がおもしろかった。自分としては、「へんなところ」はダメではなく、「へんなところ」が湧き出しているぐらいに、この四人のあいだにはなにかが存在していると思ったんです。なにかが存在しているからこそ、ズレがある。

そこのところをしっかり削って、研磨していけば、光るものがあるかもしれないと思いました。それは、自分自身を光らせることにもなるかもしれない。

メンバーたちだけではなく、そのなかでやる自分にも、これまで出ていなかったものが出るかもしれない。そう思ったんです。

それに、その時期ぐらいまでに、ぼくは、バンドって、「メンバーそれぞれが運気を持って、個人の人生を背負って集まってくる、そういう集合体だ」と思うようになっていたんです。「単なる、演奏がうまいとか、それだけではないもの」を味方につけなければ人気なんて出ようがない。その「運気」のような意味でも、小川くん、カオナシ、拓さんと組むことを魅力的に感じていた。

……小川くんは、今回の本のインタビューで、友だちと続けていたバンドがありながらも、「冷静に考えて、明らかに、クリープハイプよりも勝負ができるバンドはないだろう」

というように話していたんですか。

そういう感覚は、高校時代から二十代のなかばまで、ずっとバンドだけをやってきていると、明らかにあったのだろうなと思います。情もあるので、隠そうとはする。でも、バンドをやっていれば、音を聴けば、それだけではっきり、残酷なぐらいに見えてしまうものがあるんです。それは、いくらいい人たちに囲まれていて、その人たちが好きでも見えてしまう。

そこは、勃起と一緒で、物理的に血液が集まってくる。こちらには、制御できない。とにかく、ぼくにとっては、「あれだけ合わなかったのははじめて」だったので、おもしろかったんです。

それまでサポートをしてくれていた三人にも、悩んだ末、正直に「今後、正式なメンバーを迎えようと思っている」と伝えました。小川くん、カオナシ、拓さんと組んでライブをするまでは、クリープハイプは「ひとりでやっていく」と、サポートメンバーにも、お客さんにも宣言していたので。

そして、小川くん、カオナシ、拓さんを誘って、みんなが「やる」と言ってくれた。それで、正式にメンバーになるということをお客さんの前で発表したのが、「バンド」にあるような、二〇〇九年十一月十六日でした。

すると、曲にあるとおり、お客さんから、すごい拍手があったんです。こんな拍手は、聴いたことがなかった。「自分は、これを聴くために……」なんて思うぐらい、こんなに人から祝福されたことはなかったと感じました。

それまでは、「自分たちが楽しむもの」がバンドだった。基本的には、欲望のおもむくままにやっていることを、これだけ喜んでもらうことは珍しい。やっぱり、なにか「やっていて、良かったな」とその時には思いました。

まず最初に誘ったのは拓さんでした。拓さんは、うーん、やりたいんだけどね、とモジモジしていた。ただ、メンバーに話してみるから、待っていてほしいという答えでした。拓さんの場合、その時に所属していたバンドを解散させることになってしまうから、いろいろ考えていたんだと思います。

だから、いちばん返事が遅かったのは、拓さんでした。カオナシと小川くんには、同時ぐらいに伝えて、どちらからもすぐに返事をもらえました。

カオナシはカオナシで、誘うのはむずかしいと思っていたんです。ひとりで活動していたとはいえ、やりたいことがすでにあるだろうから。それに、小川くんも、所属していたバンドの周囲にいるのはすごく近い友だちで、身内に近いような人たちを裏切ることになってしまうかもしれない。

でも、小川くんは、ライブが終わったあとの打ち上げかなにかですぐに「もう、みんなには言ったから。大丈夫、話はついた」と言ってくれて……え、もう、と驚いた記憶があります。そういうところがあるんです。スパッと決めたら、早い。

カオナシは二つ返事で、「お世話になります」と言ってくれたような気がする。三人に対して、たとえば、「拓さんはこっち側の人間だよ」とこちらが話したということは、覚えていないんです。

でもいま、拓さんのインタビューの内容を伝えてもらって、「『こっち側の人間』というその気持ちは、自分には明らかにあった」と思います。

所属しているバンドとの関係のなかでは、別れさせるという申し訳なさがありながらも、それぞれにとっても「クリープハイプでやったほうが、いいはずだ」という気持ちがはっきりありましたから。

正式なメンバーとして加入してもらうことを発表したあとには、「ワンマンでライブハウスがぎりぎり売り切れる」ぐらいになっていたような気がします。

いまの四人になったことの良さというのは、まずは、バンドとして華があるというのが、ひとつです。それぞれの音が、うるさいのもいいですね。そのぐらいであったほうがいいんです。お客さんに引っかからないといけないので。

それから、四人で同じ場にいた時に、「へんな四人だな」と思ったのも大きかった。自分の作品は、そういう「へんな人たち」とでなければ表現できないんじゃないか、そう思うぐらいに、いろんな失敗をしてきましたから。

これまでタネとして蒔《ま》いてきたいろんなやりかたを、きちんと音楽に回収するには、このぐらい「へんな人たち」とじゃないといけない。

このぐらい「色もの」でもいいんじゃないか。そうやって、贅沢にオールスターみたいにして選んだのが、「合う合わない以前にゴツゴツしたものを持った、へんな人たち」でした。それは音を合わせてみても、やっぱりそうでした。

はじめて四人でやったライブが終わったあとぐらいからは、ギターを持って歩いていることが恥ずかしくなくなりました。

ずっと、ギターを持っていることがいやだったんです。情けないな、と思っていて。歩いているだけで、バンドをやっている人間だとわかりますからね。人からは「遊び」のように思われるだろうから。いまだに街でそういう若者を見かけると、胸が苦しくなります……。

「これで売れる」とも思ったのですが、たいして状況は変わらなかったですね

結成した頃にはスリーピースだったクリープハイプをフォーピースにしたのは、さっき言ったサポートで入ってくれていた三人のバンドがスリーピースだったことが大きかったんです。たまたま、その全員に入ってもらってフォーピースバンドにしてみたらとても良かった。

それから、自分としては、歌だけでもやってみたい、というのもありました。真ん中に立って、前に出て、歌だけに集中して、ギターはコードを弾くだけで良くなったぶん、やっぱり表現は変わりました。

そして、フォーピースで、自分以外に小川くんのギターが入ることで、小川くんのへんなギターフレーズが生きてきた。三人なら、いまのクリープハイプにはなっていないと思います。

ぼくのへんな歌に、小川くんのへんなギターが入ることで、合わさる。そういうバンドとして「合わさる演奏」が、スリーピースではできなかったんです。

四人に増えたことによって、バンド内の人間関係が良くなった感覚はありません。ぼくの曲のつくりかただと、基本的にはバンド内に何人いても、「自分」対「残りメンバー全員」というかたちになるので、人数が人間関係のクッションにはならない。

でも、いまのメンバーになったことで、はっきりといい方向に回っていき始めたように思います。

いまの三人が正式メンバーになる前の段階でつくった、五〇〇円のシングルを三〇〇枚売り切ったら、きちんとしたスタジオでアルバムをつくらせてもらえることになっていたんです。それは、さっき言っていた「レコーディングで音の質を上げるところ」が、自分たちの大きな課題だと思っていたので、かなり大事なことでした。

だから、まだみんなが正式に加入する前の時点では、ひとりで路上で弾き語りをしたりしながら、そのシングルを必死に売っていました。でも、ライブをやりに来てみたけれど、CDを持ってくるのを忘れたりして（笑）。たしか、カオナシも路上ライブを助けてくれたような気がします。ヴァイオリンを持ってきて、ぜんぜん関係ない曲を弾き語りしてくれたりして。すると、一枚、二枚と、じわじわ売れていく。

それで、三〇〇枚が達成できたことで、『踊り場から愛を込めて』というアルバムをつくることが決まりました。それが、いまのメンバーでの最初の「音楽活動」でした。

そのアルバムの楽曲は、吉祥寺のスタジオでつくりました。当時は、警備員のアルバイトをしていたんです。八丁堀のビルの改修工事で、警備の仕事があった。だから朝は六時に起きて、同じ京葉線でも、ディズニーランドに向かう人たちとは逆方向に乗っていく。

夢の国の逆に向かって、現場の鍵を開けて、工事に入る職人さんたちには「兄ちゃん、若いんだから、手に職つけたほうがいいよ」なんて言われながら、夕方の五時半まで警備をしている。

警備が終わったら、東京駅の近くにある松屋でメシを食って、時間をつぶしてから中央線で吉祥寺まで行く。そこでアルバムの楽曲をアレンジしていました。帰って二時間ぐらいしたらすぐに眠って……。

それで、朝はまた六時に起きる。そうやって、ちょっとずつ音楽がかたちになっていくことは、とてもうれしかったです。足りないところもたくさんあるアルバムですが、時間がないなかでは、ベストを尽くしたつもりでした。

いまの事務所からインディーズで出したアルバムです。反響も、うれしかったですね。インタビューの依頼が来たり、ラジオの収録があったり。そういった活動も増えていきました。ある日、ラジオ収録の帰りに小川くんと、新宿で飲みにでも行こうという話になりました。

ぼくは夜からゲストで歌う別の仕事のリハーサルがあったのですが、夕方の五時から、安いところで一息ついて……。たしか、「情熱ホルモン」でした。そこにいる時に、「タワレコメン」に決まったというメールがあった。タワレコメンになると、全国のタワーレコードで大きく展開されるんです。

「これで売れる」と思ったのですが、フタを開けてみたら、たいして状況は変わらなかったですね。あのアルバムで、聴いてくれる人の層は広がったけれども、まだまだ、こんなもんなんだなとわかった。

次のアルバムづくりへのモチベーションになったんです。次のアルバムでは、時間がなかったり、未完成だったりしたという課題をクリアしていこう、と思っていました。

*

次にやったのは、曲数をしぼって、短期で集中してつくる、『待ちくたびれて朝がくる』というアルバムづくりでした。曲数も、『踊り場から愛を込めて』の一一曲から、七曲にしぼりました。「アルバムをつくろう」「このメンバーの表札となるような作品をつくろう」というところから、「ただ、作品をつくるだけではなく、ゆっくり時間をかけて、いい曲をつくっていこう」というところに焦点をしぼっていった。

すると、『待ちくたびれて朝がくる』のレコーディングでは、すごく手ごたえがあったんです。いまのエンジニアさんに出会ったのも、このアルバムをつくっていた時です。

そして、「やっと」「ついに」というぐらいの、音楽ができた手ごたえを感じられた。ただ、その「できた時」に東日本大震災が起きてしまった。

時間をかけたレコーディングは、とても楽しかった。毎日、国立から駒場東大前まで行って、終電で帰る日々には、噛みしめるようなうれしい時間が流れていました。ただ、このへんについてはいくつか話したいことがあるので、次回のインタビューでしっかり喋ろうと思います。震災という複雑な出来事も含んだ話題なので……。『踊り場から愛を込めて』は二〇一〇年の九月に発表しました。『待ちくたびれて朝がくる』は二〇一一年の七月に発表なので、いまならできないような早いペースでレコーディングをしていたことになります。その頃は、一日あったら曲ができるんじゃないか、というぐらいのペースでやれていたんですよね。

なぜやれていたのかと言ったら、楽しかったから。長いあいだ、ずっと楽しめていなくて、音楽やバンドに関しては苦しみしかなかったことが、貯金になっていたような気がします。

いい記憶が少なかったから、楽しくなったら疲れずにずっとやれるという。積み上げていたものが「返ってきた」という感じですね。「過払い金が戻ってきた」という……(笑)。

でも、いま振り返ってみても、つらい、苦しい、悔しいと言っていた時期にも、そのつどなにかしら「なぐさめ」になるような楽しいことがあったなと思います。戦争の話なんかでも、悲惨なところに特化して描く記録が多いですが、きっとどんなに悲しい時でも、楽しさや安らぎを見つけていたんでしょうね。

だから、自分にとっては苦しみしかなかった時期でも、それが希望に関係しているんです。そういうことを書いてみたくて、ぼくは『祐介』という小説を書いたのかもしれません。

あの小説のなかには、怒りや絶望をたくさん描いているけれども、そのなかにも、希望がある。その怒りや絶望に打ちのめされて終わりというのでもなく、スポ根もののように試練をもとに強くなっていくのでもなく、殴られても殴り返せないけれども、ツバをかけるぐらいのことはできる。

自分はそういう姑息《こそく》な感じで生きてきたし、そういう作品があっていいんじゃないかと思って書いた小説でした。

『待ちくたびれて朝がくる』のその後の展開というのは、さらに早かったです。メジャーデビューもして、プロとしての音楽活動を続けるようになってからは、「どんどんできる」というスピード感がとても大事なんだということが、よくわかっていきました。

ちょっとでもラクをしたり、喜んだり、小分けにうれしいことがあったりして足を止めていたら、ついていけないかもしれないというスピードのなかで、ものごとが進んでいく。バンドを続けてきてよくわかったのは、すごくいいバンドでも「途中でつくれなくなってダメになっていく」場合があるということです。

クリープハイプに関しても、よく、「ずっと同じような曲でなく、いろんなバリエーションで定期的につくり続けられるのはなぜか」と訊かれてきました。ただ、そこに関しては、「それこそが、楽しいことだから」としか言えないんです。

そもそも、こちらとしては、良くない曲をつくることができません。良くないと、そもそも、曲ではないから。「良くなければ曲ではない」というのは、さっきまで言ってきた「ものづくり」に対する感覚のちがいなのかもしれませんが。

長いあいだ、ぜんぜん「ものづくり」ができていると思えず、なおかつ、できないことを人のせいにし続けてきました。でも、「自分の曲」と言えるものをつくることができるんだ、と心の底から思えるようになってからは、やっと、責任を取れるようになっていったんです。自分と向き合って、責任を取れる。誰かのせいにせず、ものづくりができる。

それほどうれしいことはないです。だから、「やれる」と思ってやり続けてきたし、いまもそういう感覚が続いています。それで、定期的に音楽をつくり続けられています。

「ゼロが一になった」というのは……「これだ」という直感だけなんです

どんなに「いい曲」であっても、「ここまでやっても、届かないんだ」という感覚は、いつもありました。ずっとあって、いまもあります。「届ききった」ことは、一回もありません。

ただ、「届く」という意味でおもしろい転機は、メジャーデビューの頃にひとつありました。

さっき言ったように、「イノチミジカシコイセヨオトメ」という曲づくりや、『待ちくたびれて朝がくる』というアルバムづくりをしていた時は、ものづくりをするうえで大きな手ごたえを感じていました。

ただ、その後、二〇一二年の四月にアルバム『死ぬまで一生愛されてると思ってたよ』を出してメジャーデビューする頃につくった「オレンジ」という曲は、これまでとはちがうつくりかたでできたんです。じつは、個人的には「あまり好きではない」曲だったのですが、まわりからの評判がよかったんです。

あれは、仮に入れておいたサビだけが、自分の引き出しに残っていた曲でした。

『死ぬまで一生愛されてると思ってたよ』は、デビューアルバムということもあり、インディーズ時代の既存曲と、新しくつくったできたての曲を半々で織り交ぜてリリースしました。ぼくにとって作曲の転機になった「イノチミジカシコイセヨオトメ」「手と手」も、入っています。

もちろん、どれもいい曲だと思って収録曲を揃えたわけですが、アルバム全体の核になるようなものが欲しいという相談をするなかで、「ずっと、しっくり来ないと思って保留していたメロディを、ここで試そう」と「オレンジ」のサビをみんなで演奏してみたんです。するとそれこそ、いまのメンバーとはじめて音を出した時のような、巨大な違和感がありました。めちゃくちゃ、ゴツゴツしている。

サビだけでなく、曲に組み立ててみんなでレコーディングをしたら、とにかくメンバーどうしの音がドーンとぶつかりあうんですね。へんな感じなんだけど、当時のレーベルの人たちが「これを、デビューアルバムのメインの曲として打ち出したい」「感じるものがある」と言ってくれた。

デビューしたら、この「オレンジ」がクリープハイプらしさのある曲として広まっていったので、そこで、また新しい方法論を得たような気がしました。男女の悲哀を疾走感に乗せていくという意味では、それまでの延長線上にあるつくりかたですが、「オレンジ」は、疾走感は疾走感でも、エイトビートではなく「四つ打ち」のビートで組み立てていく曲です。

いわば、当時の流行に乗ったかたちでもあるのですが、「よくあるフォーマットに落としこんでも、なにかちがうものが残ってくれるだろう」という確信がありました。四つ打ちを前に出していくバンドの数々とは、明らかに歌詞の内容もちがいましたから。でも、自分としては、「いまいちかな」と不安要素もあった。

でも、鳴らしてみたらハマっていたし、お客さんにもすごく受けた。そういった、自分の価値観にいい意味で裏切られた曲というのは不思議で、おもしろく感じたんです。そういうのも、バンドをやることの醍醐味かもしれません。

ギターのフレーズや、リズムのパターンも含めて、「オレンジ」では、おかしなことが起きていました。メンバーがそれぞれこの曲のために持ってきてくれたものが、そのまま重なって、プラモデルみたいにできあがった。

それまでは、持ち寄ったパーツを合わせたあとに、さらにみんなで彫刻みたいにして削り続けて、やっと曲になるという感じだったんです。でも、「オレンジ」ではじめて、「各パーツをはめていったら、あ、曲だ、と素直に思えた」。これまでとちがう曲のつくりかたができるようになっていました。

でも、そういうことは例外で、基本的にはどんどん直して、言葉で言えば「推敲《すいこう》」を重ねることにはなるのですが。そうしないと、気が済まないというのもあるのかもしれない。

偶然、最初にいちばんいいところに辿り着いていたとしても、「オレンジ」のような例外は別にして、やっぱり自分たちは「一発でできた喜び」を感じるより、「これで、ほんとうにいいのか」という理由を探り続ける覚悟をしています。

いまでも、家で寝っ転がって曲の原形をつくります。そこから、最終的なかたちまで「推敲」を重ねるうえで大事にしているのは、「自分のなかでの引っかかり」みたいなものです。そこは信じようという感覚があるので、誰かに「わからないから、どっちがいいか、決めてほしい」と委ねることはほとんどありません。

まずは、自分の聴きたい曲をつくるというのが、いちばん大きなテーマなんです。人を喜ばせるとかそういう動機でものをつくっていたら、作品が薄まってしまうので。「まだ、世の中にないものだと思うけど、このメロディならば」という感覚。それだけを信じて、いまに至っています。逆に言えば、そこにこだわっているからこそ、現時点の広がりに留まってしまっているのかもしれないのですが。

さっき言った「それしかやれないところ」というのはそこなんです。なにかを感じて、ゼロを一にするという力を、クリープハイプの作品と呼んでいるんですね。言葉にできないけれど大事なところは、そのあたりの感覚なんです。その感覚で「曲になった」とさえ思えたら、音楽は自然とできていきます。

「ゼロが一になった」というのは……「これだ」という直感だけなんです。そこでは、「いい曲」「悪い曲」という判断さえ、まだない。もっと原始的な「これは、存在するべきだ」という感じです。可能性の問題というか……「いい」「悪い」と決めるよりも、「これがあったら、世の中はどうなるんだろう?」「こういうものも、あっていいんじゃないか」「こういうものは、人の評価にさらされるに足るものである」、そんなものです……。

これがあったほうが、世の中がおもしろくなるかもしれないという、ノミネートに値するものという感じですね。

そこを最初の切り口にして、「あってもいいもの」をつくっていきます。

的外れな評論にさらされるようなことも、個人的にはうれしかった

メジャーデビューをした直後には、それまでとちがって、いろんな人と出会うことになりました。楽しいことがいちばんあった時期かもしれない。普段会えないような人にも会えた。

バンドに関わるスタッフさんも、どんどん増えていきました。

友だちではないが、他人でもない。仕事を通してつながっているという関係性は、張り

合いがあって心地良かったんです。

ほとんどの人がそのうちバンドをやめていく。いまじゃ絶滅危惧種みたいな存在であるバンドをやりながら、そんな感触は、なかなか手にできるものではない。だから、そういうスタッフさんたちとのやりとりは、とても興味深いものでした。

ある一線までは、運命共同体。そこから先は関わらない。そんな線引きがあるなかで、線の内側にい続けなければ、その人たちとの関係は継続できません。

だからこそ、冗談を言い合ったり、打ち合わせで真剣な話をする。無限に続くものではない、条件がある人間関係。情だけではどうしようもないというのが、うれしかったし、おもしろかったんです。

メジャーのレーベルから、「求められて定期的に音楽をつくる」ということも、ぼくにとってははじめてのことで、それが長い助走のあとにうれしかったんです。プレッシャーがあるからつくりづらいなんてことはなかった。

かつては、すぐにメンバーがいなくなってしまうから、その時々の作品をものにして残しておきたくて、自主制作でCDをつくり続けていました。それが、メジャーデビュー後には、「今度、CDにしましょう」と言われるようになった。これは、ありがたかったですね。「やっと、求めていた仕事が始まった」という感じがありました。「仕事に追われていく感じ」が楽しかったんです。

時間はもちろんなくなりますが、その「時間がない」という感じ自体が、新鮮でうれしかった。

しかも、それまでに積み上げてきたものがあったから、すぐにアイデアが枯渇するということもなかった。

そうやって音楽をつくっていくなかでは、メンバーとの関係も、震災以降やメジャーデビュー以後、いろいろなことがありました。でも、曲のつくりかたの根本は、いまに至るまで変わっていないような気がします。


メジャーデビュー後、聴いてくれる人たちが増えていったことについては……ずっと求めていたところだったのでうれしかったです。だから、ファンとのあいだにはいまでも「ほんとうにうれしい」という関係が続いています。

かつては誰も聴いてくれなかったものを、聴いてもらえる。……それでも結局は、どの時期でも「いまのお客さんのさらに向こうにあるもの」を見なければいけなかったんですけどね。隙間を探すような仕事ですから。「いてくれる人がいて、ありがたい」と思うと同時に、「埋まっているけど、このへんは空いている」「いま、もっとたくさんの人がいてくれないのはどうしてだろう？」と、いてくれない人のことをずっと見ていたわけだから。ライブハウスでライブをやっていても、「これだけ入っているけれど、まだ、ここが空いている」というところをずっと見ていて……。でかいフェスでも、「これだけ入っている」よりも、むしろ「空いている隙間は……」と探してしまう癖がついていました。

そこは、「逃げ」でもあるんですけどね。「満たされたくない。そのほうが、恥ずかしくない」という感覚が、どうしてもある。

それに、追いかけられたら逃げたくなるから、いまここにはいない人を追い求めてしまう。離れられたり、飽きられたりしたらいやだから、終わらないように続けなければいけない。バンドを続ける、終わらないようにする、引き延ばしていく、そのために逃げたり開拓地を探したりするという感覚がありました。

無意識のうちに、活動が途切れないように微調整しているかもしれない。それで、喜ばないように自分から仕向けているのかもしれない……。

メジャーデビュー後に、的外れな評論にさらされるようなことも、個人的にはうれしかったんです。どんなに言葉で強く言われても、こちらの確信は揺らがないので。

へんなことを書かれても、お客さんに先入観を植え付けられるという点で実害があるから腹は立ちますが、基本的には、「ここと ここは、間違っている」とはっきり言えるレビューばかりでした。

めちゃくちゃに書かれたこともあったのですが、要約すると「好きではない」という程度の言葉でした。的を射ていなかった。基本的には、音楽に関しては「やる人のほうが、書く人よりもわかっている」と思っています。

「音楽って、そもそも、書くものではないよな」という感覚が、基本的にはあるんです。聴けば、読むよりもずっと早く終わるし、それでいて、すべてが詰まっている。

音楽に匹敵するような評論を書くのは、ものすごくむずかしいことだと思うんです。だから、音楽そのものとはちがう要素で解説をしたり、たとえばぼくが『祐介』という小説で書いたように、音楽のまわりにあることを、音楽に昇華できないかたちで記したりしないかぎりは、「音楽について言葉にするのは、意味がないんじゃないか」と思ってしまいます。

つまり、音楽評論に対する疑問が、ずっと消えないんです。

評論が必要なジャンルもあるのだろうとは想像します。たとえば小説なら、言葉で伝えるものだから、評論が機能しているのかもしれません。ただ、音楽は、ほんとうに言葉で伝えられるものなのでしょうか？　やっているほうとしては、わかりません。

むしろ、「この曲を聴いて、こんな曲をつくりました」というほうが、ずっと深く曲を理解したり、そこから刺激を得たりしているような気がするんです。音楽はものづくりだから。ものづくりをもとに、ものづくりをするというのなら、納得ができます。

そういう違和感を感じてきたので、ぼくは、音楽についてのインタビューは「やりたくない」と思うようになっていったんです。つくった作品についての「答え」を言う必要はない、と思うようになっていきました。

答えは、聴いた人のなかに生まれている。これは、音楽を始めた頃からずっと思ってきたことなんです。自分が好きなバンドのものも含めて、音楽にまつわるいろんなインタビュー記事を読んできましたが、納得がいく答えとなるようなことを話しているミュージシャンは「ひとりもいなかった」。

そして、インタビュー記事というものは、たくさん読むほど、取材者の「こう、言わせたい」という気持ちばかりが伝わってくるように思えてきました。だから、どんなに良心的な取材者であっても、最後の最後のところでは「信用していない」ぐらいでちょうどいいと考えています。

こういう考え方も、今回のような長い取材のなかでは、しっかりそのまま伝えられますね。メディアとどういう距離感で付き合うかも、とくにメジャーデビューをしたあとでは、避けて通れませんからね。

……メジャーデビューのあとに、拓さんのカラダが思うように動かなくなった時期があって、ライブをするのがたいへんだった。そんな話を、これまでの三人のインタビューで聞いたんですね。

それと、それぞれがレーベルを移籍した前後に考えたことも聞いた。どちらも、大事なところですね。

そのふたつについても、震災の話と含めて、次のインタビューで話すことにしたいです。

ぼくにも、拓さんが直面したのと同じようなことが起こりましたから。

そして、レーベルを移籍したのは二〇一四年なので、もう五年前のことになりますが、それだけ時間が経ったから話せることもあると思います。

今日のインタビューは、訊かれたことに対してというより、「自分自身に対して語ってみる」という感じで話してみました。

どこかで、話のなかに「ここ数年、ずっと考えていたことの、自分なりの答え」も盛りこめた気がしています。

第五章

震災後、移籍後

尾崎世界観

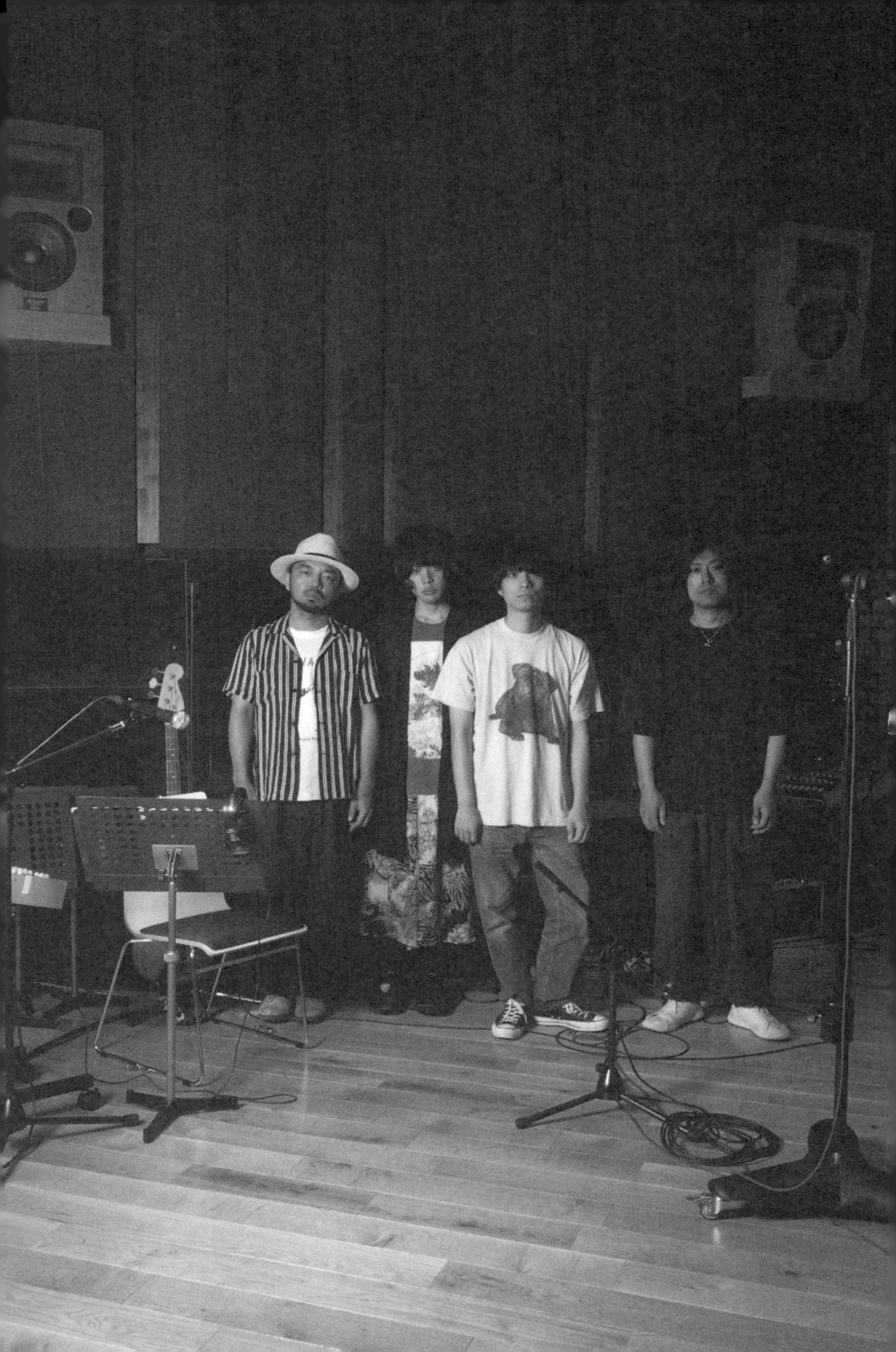

「東日本大震災では、叩き落とされました。さらに、レコード会社を移籍したあとはいろんなことが重なって、それが体にも影響したのか、声が出なくなったんです。頑張るほどノドが詰まっていく感じで、精神的にも、ボロボロになっていきました」

おざき・せかいかん
第四章の語りの続きとして、さらなるインタビューを収録したのは、二〇一九年の四月十五日だった。

ようやくいいミニアルバムができたところだけど、もう少し早く世に出られていたら、こういう時にも、なにかができたかもしれない……

東日本大震災の前までには、いまのメンバーが正式に加入してから一年以上の期間が過ぎていて、クリープハイプの活動は、かなり充実し始めていました。

二〇一〇年の秋に『踊り場から愛を込めて』を出すまで、ぼくたちがやっていたのは、「いまのメンバーでアルバムをつくること」でした。とにかく、曲の数を増やしていく。アルバムというワクのなかに、それらの曲を入れていく。そのことは達成できました。

次になにをするかは、決まっていました。ミニアルバムをしっかりつくる。丁寧につくったら、その先にどんな展開があるのか。その可能性に集中して、突っ込んでいく。丁寧につくっていく。

一曲ずつを丁寧につくって、それが集まってからアルバムという容れ物に入れていく。

そういう、ひとつ前のアルバムづくりとはちがうやりかたで、このバンドの音楽をつくってみようとしたんです。

そうやって、「曲発信」というのか、一曲ずつしっかりつくるということを、やり続けていきました。手ごたえは良かったです。前作をふまえた曲づくりで、自分たちの意識としては「シングル曲」に近いものができあがっていったので。「なんか、次は、より広いところに届くんじゃないか」と思えていました。

そのミニアルバムに向けては、自分のソングライティングも充実していると感じていました。自分なりに探っているところは、しっかりと狙えている。そこに、「しっくり来ていた」。それまでは届かないかもしれないと思っていたような領域を狙えている。「この方向で、いけるんじゃないか」という手ごたえを感じられて、それが、すごく楽しい時期でした。

それで、レコーディングに入るのですが、その頃にはじめて、いまも一緒にやっているエンジニアさんに出会ったんです。二〇一一年以降ほとんどの作品でエンジニアを務めていただいているのですが、その方とのやりとりは刺激的でした。

エンジニアさんにもいろいろなタイプの方がいますが、その方はプロデューサーとしての立ち位置から「このバンドの音には、こんな方向が合うんじゃないか」という提案をしてくれるんです。クリープハイプらしさを大事にしてくれたうえで、意見を伝えてもらえて。

たとえば、ぼくは当時、神保町で見つけた安いギターを弾いていたんです。紙みたいなペラッペラな音しか出ないのですが、そのエンジニアの方はそれをとがめるでもなく、「洋楽のバンドみたいで、かっこいいね」と、へんな音もおもしろがって、長所として捉えてくれていました。

クリープハイプのなかで曲の構成に関わっているカオナシにしても、レコーディングで、この方からいろんなことを吸収していきました。

いまのカオナシは、「こうしたらどうでしょう?」と、クリープハイプでつくる曲を、原形から「図面つきの説明書」のように展開してくれるタイプだけど、当時は、そこまで方法論ができていたわけではなかった。そういうところも、カオナシはエンジニアの方と話していくなかで、自分から学んでいったんだろうと思います。

この時のレコーディングでは、ギターを録るパートが、なかなかうまくいきませんでした。小川くんのところで、時間がかかっていた。一曲ずつのオリジナリティを大事にしていたので、仕方がないことでしたが。小川くんは、他にはないむずかしいフレーズを考えてきていて、だからこそ、演奏でも手こずっていた。

レコーディングは、ドラム、ベース、ギター、ボーカルという順に進んでいきます。その流れのなかで、ギターにいちばん時間がかかっていれば、ボーカルは焦るものなんです。でも、その時期には、「そこでギタリストの気持ちを汲《く》んで、短時間でも問題なく歌を仕上げていくのが、フロントマンとしてのやりがいだ」という気持ちで進めていきました。

歌がまわってくる時点ではもう時間がないけれど、こちらが短時間で決められたら、四人のチームとして、小川くんをサポートできたことになる。

だんだん、バンドとして、そういうこともできるようになってきたと感じていましたね。小川くんが弾けないところを練習している横で、こちらは、すでに仕上げたぶんのオケに、一回や二回ぐらいの少ないテイクで歌入れをする。そのぐらい、歌うことも調子がいい時期でした。

その頃、さっき言ったエンジニアの方と一緒にレコーディングしていた場所は、駒場東大前です。朝、住んでいた国立から満員電車に乗って行っては、終電で帰るという日々を過ごしていました。

そうやってスタジオに通うという経験もはじめてだったから、音楽に集中できて、すごくうれしかったんですよね。音を録り終えたあとには、前回のアルバムでは不満が残ったミックスも、しっかりできた。「これは、もっと届くんじゃないか」という感覚がありました。

一曲ずつしっかりつくっていくなかでは、そのミニアルバムの収録曲を決めるライブもやったんです。曲名は伝えないまま、少し多めにいろんな曲を演奏してみて、「1」「2」と、演奏したそれぞれの曲のなかから、良かったものをお客さんに紙に書いて投票してもらった。

ライブをやるために数を合わせないといけないから、「まだ、未完成」の適当なものも混ぜておいたんです。でも、そんな状態のものが全体で二位になった。それから急いでみんなでつくりこんで、レコーディングをしたり……。それは、「ウワノソラ」という曲になりました。そうやって、新しい試みができたところも、お客さんはおもしろがってくれたんじゃないかと思います。

そういう新しい試行錯誤も、前の『踊り場から愛を込めて』で、新しいお客さんがついてきてくれたからこそできたんですね。あのアルバムがなかったら、そういうイベントをやっても、お客さんはそこまで集まらなかっただろうし。前につくった作品のおかげで、より音楽をやりやすい状況になってきていた。

外の意見を採り入れて活動していくぐらいのバンドのフットワークの軽さも、自分たちで心地良く感じられていた……。だから、その頃はほんとうに、「いちばん」と言えるぐらい、音楽をつくっている人間としても、表現をしている人間としても、心が満たされていたのかもしれません。

＊

二〇一一年になる頃にはレコーディングはもう終わっていました。一月、二月とかけて、マスタリングをしたように思います。それで、三月のある日、ジャケット写真の打ち合わせに出かけることになっていた。

ぼくは写真を見るのが好きで、毎年、恵比寿にある東京都写真美術館に、「写真新世紀展」という、新人写真家を発掘する作品展を見に行っていました。会場では、写真家の連絡先が書いてある名刺をもらえることもある。

そこで見て、いいなと思った写真家の方に、ミニアルバムのジャケットをお願いしたいと思い、連絡を取っていました。

打ち合わせ当日は、アルバイトの夜勤明けでした。ちょっとだけ眠って、夕方からの新宿での打ち合わせに行こう。

そう思って、実家で休んでいた……それが、二〇一一年の三月十一日だったんです。

目が覚めて、なんかへんな感じがするな、と思っていたら、めちゃくちゃ揺れ始めた。実家で飼っている犬を抱えて、一緒にトイレに行って揺れが収まるのを待っていたけれど、どんどん強くなる。もしかしたら、これは「終わり」かな。

「あのCD、出したかったな……」

レコーディングであれだけやれたのに、反応がわからないまま終わるのは、いやだと思いました。いま振り返れば、そう思えるぐらいの作品がつくれたことがうれしいのですが。

地震は、なんとか落ち着いた。でも、電話がつながらないから写真家の方には連絡もできない。そもそも交通機関が混乱していて、新宿に電車で行けるような状況ではなかったんです。

テレビをつけて、ニュースを見たら、東北で起きた大地震だということがわかった。その日の夜中も、ずっとテレビをつけていたけれど、想像を絶する映像ばかりでした。

テレビを観たり、当時やっていたツイッターのいろんな意見を読んだりしていて、自分の中途半端さに、苦しんでいました。

ぼくは、人に励ましてもらうような立場でもない。きついけど、もっとたいへんな人は、いくらでもいる。ただ、人のことをミュージシャンとして励ませるような立場にもいない。それを「中途半端だ」と感じていました。

いま、ようやくいいミニアルバムができたところだけど、もう少し早く世に出られていたら、こういう時にもなにかができたかもしれない……。居場所がないな、と思いました。「これから、頑張ろう」と発信できるわけでもないことが、ただ悔しくて。

そう思いながら徹夜をしていたから、そのあとに出したミニアルバムには『待ちくたびれて朝がくる』というタイトルをつけました。だから、震災前にできていた作品だけれど、震災の影がしみついているような気がします。

考えはいつも、自分自身の現状に対する「悔しい」という気持ちに戻っていきました

震災後も、アルバイトは続けていました。震災のあとには、世の中の空気感が、それまでとはぜんぜんちがったんですよね。

職場に行っても、その途中の「電車に乗る」という段階でも、あとはネットのいろんな意見を読んでいても、「不安」ばかりが前に出ている。震災後まもなくの津波の話題から、だんだん、原発や放射能についてまで、話の内容は広がっていきました。

「こわい」という話題が、なにをしていても、生活の中心を占めていた。

ぼくは、表現者としても、一市民としても、心が揺れていました。音楽というもので「表現」をやってきたつもりだったけれど、それは、「目には見えないとはいえ、音に聴こえるという意味では、かたちのあるもの」をやりとりできていた段階での行為だったのだな、ということを考えていたんです。

原発や放射能についての話題ばかりを耳にするようになってからは、「目に見えないもの」に支配されている苦しさを感じていました。

震災後には、線量計で測らなければわからないような「目に見えないもの」をおそろしく思っている。その「あいまいさ」に支配されて、雨が降っただけでも、そのなかに含まれているかもしれない放射能におびえたりして、疑心暗鬼で暮らしている。

こんな時期に、音楽をやっていてなにができるんだろうと、ずっと思っていたんです。

震災当日は実家にいたものの、その後も国立でひとり暮らしをしていました。けれど、夜勤明けに自分の部屋に帰ってきても、震災後はいつも、遠くのほうでサイレンが鳴り続けているのが聞こえる。街を歩いていても不安定な空気が流れていて、落ち着かなかった。

近所の一〇〇円ローソンの棚からは、ほとんど商品がなくなっていて、「こんな貧乏暮らしをしているバンドマンの生活にまで、大災害は影響を与えるんだな」と思いました。

震災前の充実していた頃とちがって、「曲をつくろう」という気力も湧いてこない。その前までの勢いからすれば、「どれだけいろんなことが起きても、それを作品にできるのが音楽であり、バンドというものなんだ」と思っていたはずで、実際にそう思おうともしたけれど、「できなくなった」。

予定していたスタジオの作業にもなかなか入れなくなって、「計画停電」の話も出始めていたから、ライブハウスでやるはずだったライブも中止になっていきました……。

それでも、吉祥寺のスタジオには、引き続き出かけていました。

震災直後の三月や四月は、夕方の早い時間でも、節電のために明かりがほとんどついていなかった。だから、吉祥寺の街は、「真っ暗」に見えましたね。暗い道を歩いていると遠くのほうから、国立と同じで、またサイレンが聞こえてくる。「なにが起きているんだろう」と思いながら、駅とスタジオのあいだを歩いていたことを覚えています。

前に「自分の曲と言えるものができたあとには、ギターを持つことが恥ずかしくなくなった」と言いましたが、震災後には、むしろ前よりもっと、ギターを持つことを恥ずかしく思うようになっていました。つい、「担いでいるギターケースを、見られてはいけない」と思ってしまうことが悔しかったです。

吉祥寺のスタジオに行ったら、スタジオの店員さんが「こういう時ぐらい、楽しまないとダメですよね」と声をかけてくれました。普段、ふてくされたような顔をしていた店員さんまでが、そんなことを言ってくるなんて……と複雑な気持ちになりました。「そうですね」と返事をする余裕は、ぜんぜんなかった。

＊

震災後にスタジオに来ている自分にできることは、練習することしかない。なんとか、これからも頑張るために、機材の電源をつけなければならない。そんな気持ちで電気を考えて楽器にさわることなんて、それまで、ありませんでした。

もちろん、それまでにもたいへんな災害が各地で起きていました。ニュースでは、知っていたはずです。それでも、阪神大震災の頃、ぼくは小学生でした。ほかにも、新潟を含めて、いろんな地域で人が災害に苦しめられてきたことを、「情報」としては目にしてきました。被害に遭った方たちは、ものすごくたいへんな思いをしていた。

ただ、自分はそれまで大災害の渦中にいたことがなかったから、そういうものに接したあとに、どんな気持ちになるのかをまるでわかっていませんでした。だから、「体験」としてショックを受けたんです。

そして、震災後にテレビを観ていると、被災地や被害者のために行動しているのは、自分たちよりも結果を出しているミュージシャンばかりでした。それは、好きな同級生が、自分のことなんて眼中になくて、たとえば「塾の講師」のような子どもには手の届かない存在に片思いをしてる姿を見せられているような……。自分にはぜんぜん力がないのだな、ということを思い知りました。

警備員のアルバイトをしていると、考える時間だけはあるので、そういう震災のことばかりに思いをめぐらせていました。考えはいつも、自分自身の現状に対する「悔しい」という気持ちに戻っていきました。

そんななかでも、スタジオに入る。生命を維持するのに絶対というわけでもない音楽のために、大事な電気を使う。こういう時にこそ試されていると感じていました。

「衣・食・住」も脅かされている時、当時、多くのミュージシャンから、「音楽は、こういう時にはいらないもので」という声も出ていました。でも、さっきの「悔しい」という気持ちを抱えた自分としては、あらためて「音楽をちゃんとやりたい」と思ったんです。

たいへんな出来事に向き合っている時期こそ、「人がつくったものを、人が受けとめること」に意味が出てくるんじゃないか。震災後には、心が殺伐とするような言い争いも増えていましたから。人をさげすんだり、人をだましたりして「上に立とう」「生き残ろう」とするような人間の悪いところが、SNSをはじめとするネットで多く目につきました。

そういったなかで、あらためて、「地に足のついた音楽」をやりたくなった。でも、気持ちを立て直すのはたいへんで、二〇一一年はとても長く感じていました。

震災の直前までは、バンドを始めてからの歳月のなかでも、「いちばんいい調子だ」と思うぐらい、いろんなものの歯車がうまく噛みあい始めていたんです。だから、「叩《たた》き落とされた」という感じがどうしても拭えませんでした。

とはいえ、悲しくて苦しいのはほかの人たちもそうであって、結局は表現者として、「それまでは考えてもいなかったいろんなこと」を考えさせられ、成長させてもらった時期だと思います。

「そういう寝癖をしている」

少し前後しますが、震災の少し前に起きた出来事は、震災のあとにこそ、「あれって、ずいぶんのんびりしていたんだな」と懐かしく思い出すようになりました。

たとえば、二〇一〇年の十一月の終わり頃。『踊り場から愛を込めて』をリリースした後のツアーの最終日に武蔵野公会堂という吉祥寺のホールでライブをやったんです。その時のクリープハイプにしては大きかった「三〇〇人も入る会場」が売り切れた。そのライブには、アルバイトでお世話になった方たちも来てくれていました。

そこに来てくれたうちのひとりは、バイトの飲み会のあとにぼくを介抱してくれた、女性の先輩でした。

酔いつぶれてしまったぼくは、みんなとの飲み会の帰りの電車で気持ち悪くなって、途中の駅のホームで降りて吐いてしまった。心配して一緒に降りてくれた先輩は、「大丈夫？今日は、うちに連れていってあげる」と言ってくれた。

阿佐ヶ谷のアパートに泊めてくれたんです。その直後にも、ぼくは先輩の部屋で吐いてしまった。

朝になったら、「もう、仕事に出かけるから、部屋の鍵を閉めたい。外に出てほしい」と、起こされました。わかりました、すみません、ありがとうございました、と台所をふと見たら、昨日ぼくが吐いたものが、大きなゴミ袋に入れて放置されている。

あとで片付けさせるのも申し訳ないなと思いながらアパートを出て、先輩は出勤していきましたが、ぼくは調子が悪かったのでしばらく休んでから移動することにした。

歩けないほど酔っ払っていたので、その知らないアパートの二階の階段を上がったところで寝っ転がって……。

コンクリートがひんやりしていて、気持ちが良かった。

そこでしばらく時間をつぶしてからアルバイトに出かけたら、同僚の、関西出身のふたりの女の人たちから、「昨日、なんかあったやろ?」と訊かれたんです。

「家に帰れなくなって、泊めてもらうことになって」

「そういう寝癖をしている。いつもとちがうところがハネているから」

その体験をもとにして、あとで「寝癖」という曲を書いたんですよね。

介抱してくれた阿佐ヶ谷の先輩とは、その後もちょくちょく会っていましたが、話を聞いているうちに、売れないバンドマンにずいぶん貢《みつ》がされているようだとわかった。

「そんな付き合い方はやめたほうがいいですよ」

そう伝えたら、「あんたみたいな、売れているやつには……」と言われました。メジャーデビューはしていないけれど、お客さんが増えてきていたクリープハイプは、先輩にとっては「売れている」バンドだった。

それに、「あんたには、頑張っている○○くんの気持ちはわからない」と、そのバンドマンの彼氏のことを擁護《ようご》していた。

そう言われて、ぼくは帰ったんです。「各駅停車の電車が停まる駅のように、誰かを受けとめ続ける人がいる……」と、あとになってから思いました。

特急や急行で進む「速い人」のことよりも、各駅で少しずつ進む「遅い人」のことを、待ち続けて、送り続ける。そういう人たちの世界に、震災前の自分も接していたんだよな。そんなことを、震災後にはまるで遠い夢のように思い出していました。

そんなのんびりした世界は、震災後には、ほとんどなくなってしまったけれど。『踊り場から愛を込めて』のツアーファイナルでライブをやった武蔵野公会堂のキャパシティは、当時のバンドにとってはかなり大きかったので、満員になったのはすごくうれしかったです。

たしか、ライブを終えて打ち上げに行く前に、実家の母にわざわざ電話をして、「今日、おれ、すごいところでライブをしたんだよ」と伝えました。

阿佐ヶ谷には、前に小川くんが住んでいたこともあって、あのあたりを通ったら、二〇一〇年に武蔵野公会堂でライブをやっていたぐらいの時期のことを思い出しますね。

……というようなのんびりした経験を、根底からひっくり返されるような出来事が、震災後にどんどん起きました。そのスピードが信じられないと思いながら、二〇一一年を過ごしていました。

メジャーデビュー前だからこそ、メンバーたちにもっと必死になってほしかった

震災後は、心情的にとても揺れ動きました。あらためて、心細さや温もりについて考えさせられただけでなく、「非常時における人間の悪意」などもわかりやすく浮き彫りになったので、そのことはよく覚えておこうと思っていました。

そして、震災前につくって、震災後にリリースしたミニアルバム『待ちくたびれて朝がくる』は、バンドの未来を切り拓いてくれました。

アルバム発売と連動したツアーの最終日は二〇一一年の十月で、渋谷の「CLUB QUATTRO」でライブをやったのですが、それもぎりぎり売り切れました。前年に「お客さんがすごくたくさん来てくれた」と思っていた武蔵野公会堂の倍以上のライブハウスが満員になって、やっぱり、約一年で状況は変わっていたんです。

メジャーデビューの打診は、そのツアー中に来ていました。七月に『待ちくたびれて朝がくる』をリリースした直後、新宿のタワーレコードでおこなわれたインストアライブにかなり多くのお客さんが集まって、その様子を、たまたまレコード会社の偉い人が見ていたんです。

それで、CDを聴いてくれて、連絡をしてくれたという。自信作だったミニアルバムが

明確なきっかけとなって、メジャーデビューにつながったことがうれしかったです。

ツアーが終わって、すぐにメジャーデビューに向けた曲づくりやレコーディングを始めました。それが十月で、メジャーデビューは二〇一二年の四月だから、ほんとうに「毎日、やることが多い」。のんびりした時間は、なくなっていきましたね。

やらなければいけない仕事が急に増え、作詞や作曲だけでなく取材もおもに自分が受けていたなかで、メンバーたちとの距離は次第に開いていきました。

一緒にレコーディングはしているけれど、何カ月間も、ほとんど話をしていないという。メンバーたちは、ぼくに、どう話しかけたらいいかわからないと思っていただろうし、ぼくのほうは、メンバーたちのことを「煮え切らない」と思っていました。

それで、関係はどんどん悪くなっていった。

メジャーデビューの前後は、「音楽を仕事にしていなければ成立しないような人間関係」を大事にしていました。アルバムが完成して、プロモーションをする。その間、レコード会社などを通して知り合う人たちとのつながりのことです。

取材をしてくれる人たちも含めて、音楽が仕事になっていなければ、関係は決して続いていきません。作品をつくって広めるなかで出会う、共犯者のような人たち。友だちではなく、甘えもない……そういう人間関係は生まれてはじめてだったので、自分としては

「いいな」と捉えていたんです。

ぼくは、音楽を通して、友だちが欲しいわけでもなかった。お金を稼ぎたいだけでもない。でも、「お金にならなければ関係が終わる」というなかに、厳しい責任感のある関係性の「良さ」を感じていたんです。

そういう人たちと仕事ができるようになって、音楽を続けてきて良かった、と思っていました。

その一方で、メンバーたちに対しては、「それだけ緊張感があるからこそ」という関係性のなかに「いてくれていない」と感じてしまった。いま振り返れば、それぞれ頑張っていたと思うのですが、その頃の自分にはそう見えていなかった。そこへの苛立ちもあって、関係が悪くなっていったんです。

ぼくとしては、メジャーデビュー前だからこそ、メンバーたちにもっと必死になってほしかった。でも、それを伝えないまま、察してもらおうとしていた。そもそも話をしていないから、おたがいの状況をわかっていなかったんだと思います。

そこに関しては、「こういうことをしてもらいたい」と伝えて、もしもなにも返ってこなかったらいやだから、「そうなるぐらいなら、最初から言わないでやれ」というところがあったのかもしれません。コミュニケーションそのものが「なにもなかった」時期が続いたように思います。

その間、メンバーたちとの唯一のコミュニケーションは「一緒に演奏をすること」だったのですが、そこまでやりとりがなくても、ライブは盛りあがっていました。お客さんが集まりかけている時期で、小さなライブハウス目がけて、たくさんの人が来てくれていました。

メンバーとは、楽屋にいても話をせずに本番を始めていたけれど、ライブ中は、とても楽しかった。

＊

そうやって喋っていないあいだ、こちらがミスをしたら、すごく気まずくなりました。大阪でのライブが終わって、メンバーたちとではなく、大阪にいる昔からの友だちとひたすら飲みまくった。それで、酔って歩けないぐらいになってしまったことがありました。目が覚めたら、メンバーと一緒に車内にいて、車はすでに東京に着いている。

あれ？　記憶がまったくないぞ。でも、かすかに、「ノドのところに気持ち悪い感覚」があって……。

それで、久しぶりに、カオナシに声をかけたんです。

「……おれ、吐いた？」

いまでも覚えているけれど、助手席に座っていたカオナシは、うしろも見ないで、「吐きましたね」とだけ、ひとこと言いました。

あとで聞いたら、車に乗ってすぐに吐いてしまい、メンバーはみんなで車を掃除してくれたみたいなんです。

しかも、会話はそれだけ。ぼくのほうは、申し訳ない、と気まずいんだけれど、すでに関係が険悪になっているから意地になっていて話しかけられない。メンバーはさすがに、「ごめん」とあやまってほしかっただろうと思います。

二〇一一年の夏に、ぼくは「プチ失踪《しっそう》」もしていました。『待ちくたびれて朝がくる』が出たあと、バンドをめぐる状況が変わって、深夜の音楽番組などで、ちょっとした特集をしてもらえるようになっていたんです。

警備員のアルバイトをしている最中にそれを観て、「これ、ぼくなんです」と同僚のおじさんに伝えたら、「おまえ、声高いなぁ」なんて言われていました。

その時期もメンバーに対して不安があったり、震災後のことについてもあれこれ考えていたから、「バンドをこのまま続けて、どうなるんだろう？」と思って、一回、「いなくなってみた」んです。

五日間。

結局はずっと実家にいたのですが、携帯電話の電源を切って。でも、姑息《こそく》なことに、どこかで、「ライブは飛ばさないスケジュールで」、メンバーや関係者たちの気を引くかのように失踪していた(笑)。

当時のマネージャーに「これだけ連絡がつかないのはおかしい。なにかあったのかもしれない。国立のアパートに行って、窓ガラスを割ってでもいいから、様子を見てきてくれない……?」と言われた小川くんは、「死んでいたら、部屋で死体が腐っていたりするのかもしれない……ガラスを割るのはやめたほうがいいんじゃないですか?」と答えたそうです。

ぼくはぼくで、心配をさせるだけさせておいて、ぜんぜん死ぬ気もなく実家でのうのうとしている。おたがいに、「そういうバンド」だったわけです。

「計画的なプチ失踪」なので、すぐに戻りましたが。あれは、メンバーたちへの甘えだったと思います。

ミニアルバムの評判は良くて、メジャーデビューをすることになって、状況は日に日に良くなっていた。でも、震災後で心はズタズタになっている……。そんな状況が、メジャーデビューをして最初のアルバムを出したあとも続いていました。

そんななかでシングルCDを出そうと言われて、「もしもいま、音楽をやめたらどうなるか」ということを想像しながらつくったのが、「おやすみ泣き声、さよなら歌姫」でした。もしここで音楽をやめたらお客さんはどう思うのか、と想像しながらつくった曲、それが一枚目のシングルになるというのもクリープハイプらしいけれど、そのぐらい、メジャーデビューをする前後は追い詰められていたとも言えますね。


こちらは被害者でもあるはずなのに、「もめごとを起こしているやつら」のように叩かれた

「メンバーたちとロクに喋っていなかったからこそできた曲」というのもあります。大阪や京都でイベントがあると、当時はメンバーと早々に別れて、関西にいる友人知人に会うということをしていたんですね。

京都で劇作家の方の家に泊まらせてもらったり、その翌日には大阪の西成《にしなり》の「あいりん地区」を回ったり。そういう単独行動を経て、東京に戻ってからすぐにできたのが、二枚目のシングルになった「社会の窓」という曲でした。

メンバーたちとの会話がほとんどなかったなかで、その頃に思っていたことをすべてノートに書きためていた。つくったメロディやリズムに合わせてその言葉を削ぎ落として、スタジオではじめて歌ってみたら、メンバーがふと、「いいね」と言ってくれたんです。しばらく口もきいていなかったからこそ、「あ、いいんだな」と素直に思えたところがありました。

そのあと、『吹き零れる程のI、哀、愛』という二枚目のアルバムを出した二〇一三年ぐらいの時期が、世の中にクリープハイプというバンドの情報がしっかり露出していって、「音楽業界の人」もいちばん近寄ってきた時期だったように思います。

そのあとに、レコード会社を移籍して……。ずいぶん、たいへんなことになりました。そういう事件でもなければ、わからないこともたくさんあるんですよね。震災と同じで、ものすごい現実に直面しなければ、バンドは一丸となってまとまることさえできなかった。そのぐらい、「あやうい関係」であるというのも、バンドという小さな集まりのひとつの本質だと思います。

きちんと契約期間を終えてから次のところへ行ったんです。こちらから、なにか信頼を壊すようなことをしたわけでもない。でもある日、バンドのみんなで集まっていたタイミングで、突然、「ベストアルバムが出るらしい」というニュースが飛び込んできて驚いたんです。

そこからは、メンバーや新しいレコード会社の方たちと相談していきました。

「無断でベストアルバムを出されてしまうという状況に対して、きちんと意見を公表したい。聴き続けてくれているファンのためにも、クリープハイプというバンドのためにも、そこは誠実に説明をしなければいけないんじゃないか？」

「でも、業界の通例から言えば、レコード会社にたてつくような発言をすると面倒な立場に追い込まれかねない。慎重になって静観していたほうがいいのかもしれない」

そのあいだで揺れていたけれど、結局は我慢できなくなって、「もう、どうなってもいいから意見を出す」と決めたんです。

そうしたら案の定、世間からはずいぶん叩かれました。あの時、クリープハイプははじめて炎上というものを経験しました。

こちらは被害者でもあるはずなのに、「もめごとを起こしているやつら」のように叩かれた。

SNSの時代に入って、こちらに本質的には興味がないし、起きた出来事について正確な知識もないのに、あまりにも気軽におもしろがって、「もめごと」を広めてこちらの風評被害にあたることをしている……。

そういうのは、やっぱりすごく悔しかったですね。

それが、二〇一四年の春でした。その後に、レコード会社を移籍したら、しばらくはテレビにも出られなくなった。そういうものなんですね、移籍というのは。

*

移籍してしばらくのあいだ、バンドにできるのは、作品を出すことだけでした。だから、かなりのペースでレコーディングをし続けていきました。

それでも、こちらのペースやお客さんのテンションは、ずっと「ベストアルバムをめぐる、いやなニュース」に巻きこまれて、摩耗《まもう》していった気がします。活動はどんどんやりにくくなっていった。

しばらくは、「転んだまま、倒れたままの体勢で、それでも前に進まなければ」という状況でした。マラソンの途中で転んでしまったら、もうペースもなにもめちゃくちゃになってしまう、という感覚で。

バンドを始めて長いあいだ、ぜんぜんうまくいっていなかったので、「そこに戻ったようなものなんじゃない?」と思われるかもしれませんが、そういう「下積み期間」の苦しさとはぜんぜんちがうんです。もっと、それまで築きあげてきたものが、すべてボロボロと崩れていくような感覚でつらかった。

すでに、ゼロから積み上げていくという状況ではないんですよね。もう、メジャーデビューはしていて、現在進行形でメジャーというステージで表現を続けている。そこから、「少しずつ積み上げたものが、一気に奪われていく」ように感じていました。

しかも、作品のクオリティへの評価ではなく、風評被害によって場が荒らされてのことだから、「怒り」を抱えたまま前に進むしかなかった。

移籍前後のトラブルの影響なのか、作品の売り上げもわかりやすく下がっていったことについては、「簡単に認めたくないぐらい痛かった」です。「移籍したから下がった」とは思いたくありませんでした。本来ならば、さらに勝負をするための前向きな移籍だったわけですから。

でも、メンバーたちはもちろん、レコード会社の人たちもそういう状況は把握しているわけで、しばらくはぼくに対して腫《は》れ物にさわるように、へんに気を遣うところが見られました。さらに移籍直後、二〇一四年の夏はフェスに出なかったのですが、そのことで二〇一五年に、目に見えて集客が減るなどの悪い影響がありました……。

二〇一五年の夏フェスに出てわかったのですが、ああいうイベントは、出続けなければ積み重ねたものがなくなってしまうんですね。それも、出ないことでわかった「収穫」かもしれませんが。ほんとうは、クリープハイプはフェスに出続けていたほうがいいバンドなんだ、と気づいた。

そうやって、バンドを前に進めていくための展開が狂っていくのは、なかなかたいへんでした。

移籍後、毎日いやなことばかりがどんどん積み重なっていった結果、その影響は、如実《にょじつ》に体に出るようになりました。

明らかに、歌えなくなっていってしまったんです。声が、ぜんぜん出なくなった。

悔しいから必死になって練習をしても、状態は戻らなかった。なんだろう、この声は……となっていきました。

二〇一五年ぐらいには、ぼくの声がほとんどダメになってしまって……。いろいろな病院にも行ったんですけど、「声帯には異常がありません」と言われた。

なんだろう？

ベストアルバムを無断で出されてしまったことが、声が出なくなった原因なのだろうか……？

声の不調は病気から、というようにはっきりとした理由があれば、わかりやすく音楽をやめられたのかもしれません。けれど、それもできない状態でした。いちおう出してもらった薬を飲んでも、ぜんぜん治らない。

ライブをやるたびに、ネットには「声が出ていない」と書かれました。そんなの、見なければいいいんだろうけれど、毎回、見ることをやめられなかった。前よりも頑張れば頑張るだけ、ノドが「……くっ」と詰まっていく。

それは、ライブをやるにつれてどんどんきつくなっていきました。お客さんも、ぼくの声の状態を「あれ？」と思っているであろうことが見ていてよくわかるんです。

前の三列ぐらいまでのお客さんたちは喜んでくれているけれど、そのうしろはリアクションがあからさまに悪くなっている……。

それと、メジャーデビュー直後の勢いがあった時期とはちがって、バンドの情報もひと通り行き渡ったあとで、やや冷めてきている。そういう状態になったこともはじめてだったので、苦しかったですね。

ダメな状態に耐えることには慣れていたのですが、「うまくいっていた状態がなくなる」

「手にしたものがなくなる」という体験は、はじめてでした。

これは、どう対処したらいいのだろう……?

ベストアルバムを無断で出されてしまったことが、声が出なくなった原因なのだろうか……?

そんなふうに頭のなかで疑問がぐるぐるまわって、でも実際には解決できない。自分ではどうしようもないところで、「いつまでもさまよっていた」。

すべてがつながってそうなっているのだと想像するのですが、なにに対して落ち込んでいるのかわからない状況にまた落ち込んでいった。

体がうまく動かなくなるほど、精神的にボロボロになっていきました。

うまくいかない。「ライブをやるほど、バンドのイメージが悪くなる」と、その頃には感じていました。

音楽業界のなかで、少し前まで自分たちが座っていた椅子に座ろうとしているバンドの姿も、ちらほら見え始めている。

そんなバンドとイベントで一緒になると、「あっちのバンド、歓声がでかいな……」とか、そういうことが気になりました。自分たちがステージに立っている時の歓声と、ステージの脇や楽屋で聞こえる歓声は根本的にちがうから、比較しづらいはずなのですが。それほど悲観的になっていました。

でも、そういうことが気になって仕方がなくなって、考えたくないから、楽屋では自分たちの出番以外の時間は「耳栓をつけて待機する」ようになっていました。どんどん、神経質になっていった。

でも、そんなことをやっていても、相変わらず声は出ないままで。メンバーに訊いたら、「大丈夫だと思う」と言ってくれていた。でも、ネットでは、「声が出ていない」と書かれ続ける。

混乱していて、誰の意見が正しいかも判断できないんです。それでも、ネットの悪い評判を読み続けずにはいられませんでした。

「尾崎　声」

「尾崎　歌」

「尾崎　調子」

「クリープ　声」

「クリープ　歌」

「クリープ　調子」

……どちらかというと「悪い評判を書く時に使うであろう言葉」を並べて検索した。

「今日のライブでダメだと言われたツイートは、一八個か。前回よりは少ないけれど、ライブ会場のキャパを考えたら……」

そうやって余計なことばかり考えていました。

*

そんな時期には、メンバーたちも陰でいろいろ試行錯誤してくれていました。あるライブの間奏で、ふたりで打ち合わせをしたのか、カオナシと小川くんが前に出てきて、ふたりで向き合うパフォーマンスをしていました……。

それは明らかに「なんとかするしかないなかでの試行錯誤」だとわかった。だから悲しくなってきて、これはなにかもう、「いよいよやばいな……」という気持ちになりました。

声の不調は二〇一四年に始まって、気功に通ったり、鍼《はり》やマッサージに行ってみたりもしていました。「その人が足の指を押してくれさえすれば、治る」という人のところにも行った。

でも、治らなくて、そのたびに落ちこみました。体がうまく連動していない。いろいろ調べたら、そういうことで悩んでいる人がたくさんいるとわかりました。まわりにも、ボーカルでそういうことに苦しんでいる人がいて、いろいろと意見を訊いたりもした。精神的なことも影響するので、密閉型のイヤーモニターをつけてみたりもしました。でも、改善しない。だから、自分の声がリアルに入ってこないように、イヤーモニターに入ってくる音を調整してもらったりもしました。

自分の声が出ていない。それを実際に聴いてわかってしまったら、体が「くっ」と臆《おく》してしまう。だから、エフェクトをかけて、聴こえてくる音を揺さぶってもらう。そこで次の声を出すようにすれば、耳が麻痺するようになって、自分の声を気にせず歌えるわけです。

自分のいやな部分は「音が詰まっているから」聴こえなくなる。ただ、それでも実際に出ている音は変わらないので、ごまかせているのは自分の意識だけなのですが。

当時、音楽を続けることは「死ぬほどつらかった」

同じぐらいの時期に、拓さんも、「体が、思うようには動かない」という状況になっていきました。だから、ライブの演奏がどんどんきつくなっていったんです。

二〇一五年、二〇一六年あたりは、「もう、そろそろやめるしかない」という気持ちをメンバーたちにぶつけてしまっていた。

こんな状態でバンドを続けるのは、きつすぎる。どう考えても、このままやり続けたってできるようにはならないだろう。

「おれもだめだし、拓さんもだめだし、こんなんじゃやっていても意味がない」

そう言って、拓さんのことも指摘してしまいました。

でも、仕事としての音楽活動に「救われてしまった」部分もありました。ライブの予定など、具体的に責任を持ってまっとうしなければならないスケジュールがあとのほうまで決まっていて、やめるにしても、ここまではやらなければならない。そして、やっていれば、そのうちいろんなところで続ける理由を拾えてしまう。

中途半端な状況のままでも、うまい具合に予定が詰まっているんです。案外、そんな小さいことで踏み留まれたんですよね。なんとなくやめられないうちに続いてしまった。前に「失踪しきれなかった」のと同じように、「捨てきれなかった」ところもあるんです。音楽をほんとうにやめてしまったら、ほかにはなにもできないわけですから。

当時、音楽を続けることは「死ぬほどつらかった」。でも、ほかにできることは、ほんとうに、なんにもない。「このあとの人生も、長いもんな」と踏み留まる。

歌えない。そのつらさも恥ずかしさも、たまらないけれど、これ以外のことをするのは無理だろう。行き場がなかったんです。

そういったなかで、ライブが始まる。

「まだ、声が出ない」

それで二時間、落ち込み続けてライブをやる。それでも、ものすごくキラキラした、輝いた目で観てくれているお客さんがいるんですよね……。こちらは、ステージに立って、第一声を出した途端に、「あ、今日もダメだ」とわかっているのに。

そんな状態でも、なんとか二時間耐えてやりすごす。それが、「お客さんにウソをつくこと」に思えていました。ダメな時で、「お客さんにウソをついている」はずなのに、泣いてくれている姿がスッと目に入ってきたりして。

悪い時ほど、なぜかそれを良く受けとめてくれるお客さんの姿が目に飛び込んできて、複雑な気持ちになっていました。

「お客さんにウソをついているようだ」と言っても、手を抜くなんてことはしたくない。毎回、ほんとうに頑張りたかった。でも、頭と体の連動がうまくいかないんです。思うように力を入れられない。

何回も、やめよう、やめよう、とメンバーたちには言い続けていました。

「できれば、続けたい」

それが、三人からのいつもの返事でした。それも、わかる。でも、自分がこんな状態では、できるわけがない。

「拓さんだって、できなかったらやめたらいいんだ」

そんなことも言ってしまった。でも、拓さんはやめるとは言わない。ぼくは、ライブのあとに拓さんのダメだったところも指摘していました。自分ができていない時に、自分なら、メンバーたちにはウソをつかず言ってもらいたかったので。

ドラムとボーカルは、バンドのなかでも「縦のライン」でつながり合うパートだから、おたがい影響してしまうところもありました。自分は自分で、拓さんがダメでいてくれるから、そこに隠れていられたのかもしれない。ただ、そうなれば自分の声のダメなところに、正面から向き合うことができなくなる……。

自分自身で、「できていない」ことはよくわかっている。そうでありながら、そうであるからこそ、拓さんに対する指摘もせずにはいられない。もちろん、お客さんにお金をもらっている以上、「プロとしてのパフォーマンスをやりきらなければならない」という気持ちもありました。

バンド内の雰囲気もどんどん険悪になっていく。

それもあって「いよいよ、やめよう」という修羅場《しゅらば》も何回かあったのですが、もう、今回こそこれで終わりだ、と思って臨んだライブにかぎって、「ちょっとだけ、演奏が良かった」ということが起きて、ぎりぎりのところで良くなる可能性が見つかる。

ほんとうにゼロになる直前に、ちょっとだけ、地面から浮き上がってしまう。それで、「生き長らえてしまう」。

*

それに、さっき言ったように、目に入ってくる、喜んでくれているお客さんを放っておくわけにはいかないという思いは、つねにありました。

バンドメンバーのことを、この人たちがいるからこそ、うまくいかないことも出てくるけれど、この人たちがいなければバンドにはならない、と言いましたよね。お客さんに対しても、それに近い心情がいつもあったんです。この人たちが喜んでくれているからこそ、なんとか踏み留まっていて、この人たちが喜んでくれているからには、バンドをやめることはできないという。「この人たちさえいなければ、やめてもいい」と思ったこともあるぐらいです。でも、お客さんは、いつでもありがたい存在だった。

なにがありがたいかというと……「いまの状態がダメでも心を動かして感動してくれて

いる」というのは、考えてみたら、「自分たちの存在を肯定してくれているから」なんです。それで、なぜ存在そのものを肯定してくれているのかといえば、それまでにつくってきたCDや、やってきたライブの積み重ねを信じてくれているからなんじゃないか、とぼくは感じていました。

そこに、救われたんです。

自分たちの積み重ねそのものを、肯定してくれている人たちがいる。そういう意味で、お客さんとの感覚のズレにも救われ続けているわけです。

それに、ネットの感想などに目を通していると、案外、自分たちが気にしているところではないおもしろさを喜んでくれているお客さんがたくさんいる。そういう発見もあったけれど、ほんとうにどん底の時期は、二〇一五年だったと思います。

そういう時期に下北沢でライブをしたあとの打ち上げで、かなり酒を飲んでいたことがあったんです。

結局、朝方まで飲んでいて。たしか、拓さんは朝になるよりも前に帰っていました。ぐでんぐでんになったぼくの横に小川くんとカオナシがいた。

「ほんとうにダメだ。今日のライブでも歌えなかったし。もう無理だ。キツイ」

そう言ったあとに、最近、良くないとはわかっていながら、自殺をしたらどうなるんだと検索してしまうんだ、情けないんだけれど……と伝えた。

「そんなにつらいんだったら、もう、バンドを続けなくていいから、生きてくれ……」

小川くんが号泣したんです。

カオナシも泣いていた。

そうか、と。もちろん、自分がつらいことはほんとうなんだけれど、そんな時でもどこか客観的な視点で見ていて、あれ、小川くんってこういうことを言う人だったかな、と思ったんです。

二〇一五年になっていて、知らないうちに、メンバーどうしの距離感は近くなっていたのかもしれない。そんなことを思いました。

そう思えたことは、小さくありませんでした。

それでも、二〇一五年のあいだはずっと、悪いものを引きずって過ごしていました。

そこで、メンバーたちに、「これをやって、そこで得たものをバンドに戻って持ち帰ってくる」と言って、ある挑戦をしてみました。

その頃、出版社の編集者の方から、小説を書いてみないかと言われていたんです。だから、二〇一五年は、どん底に沈んでいた夏から年末までずっと、のちに『祐介』という題名で発表する小説を、えんえんと書いていました。

ライブやレコーディングのない時期は、ほとんどの時間を小説を書く時間にあてていました。なので、直接的ではないけれど、『祐介』には、その頃の悔しさや憎しみばかりが入り込んでいるような気がします。

小説を書いていた時期にも、声の治療に行ったり相談に行ったりはしていました。でも、歌はうまく歌えなかった。二十分で五〇〇〇円ぐらいの「治療費」がかかって、でもぜんぜん良くならない。人の弱みにつけこむビジネスにも騙されながら、小説を書き進めていきました。

小説に関しては、このままではメンバーたちと共倒れしてしまうという、ぎりぎりのところで書いていました。だから、小説ではあるけれど、音楽に向き合うためのひとつの方法として書く。だから、いずれバンドに返ってくるだろうと思っていたんです。歌えないぶん、どうすればいいのか、と考えながら書き進めていました。

小説は、パソコンを買って、原稿用紙のフォーマットを組んで、そのなかに書いていきました。はじめて書いた小説は、二〇一六年の一月か二月には、なんとかかたちになった。二〇一六年の六月には本として出版され、そこから、音楽以外のジャンルでいろんなところに出ていくようになりました。

音楽という場所から一度離れ、外に出かけて、音楽に触れない仕事をすることが、どういうわけか、結果的には声のリハビリになっていましたね。

そうやって外に出かけてバンドという「家」に帰ってきたら、なにか少しだけ、声も良くなっていたんです。そこで、「家」であるバンドに帰ってきてもうまくライブやレコーディングができなかったら、もうどうしようもない。

でも、できるようになっていった。そして、外の世界でのいろんなつながりもできてきたなかで、音楽という表現の長所を、より客観的に捉えられるようになっていった気がします。

だから、自分の本名をタイトルにした小説『祐介』を出した二〇一六年の九月に、バンドマンとしての自分の名前をタイトルにしたアルバム『世界観』をつくれたことはとてもうれしかったですね。それまでのなかで、いちばん変わったことをした、そんなアルバムづくりになりました。

新しいタイプの曲をたくさんつくって、自分たちのなかでも転換点になったと思っています。ドラマの主題歌も決まって、音も新しくなった。そして、移籍後にいったん落ち込んだアルバムの売り上げが上向いたんです。

ぼくの場合は、「欠点でしか欠点を補えない」

『世界観』のアルバムづくりのなかで、最後にレコーディングをしたのが、「バンド」という曲でした。

この曲の歌入れをする時は、歌詞を伝えないまま、メンバーたちにそれぞれ帰ってもらったんです。バンドとしての演奏部分は、はじめにみんなで録っていました。

メンバーたちはみんな、どんな歌詞になって終わるかわからない状況でした。あとで歌入れをした音源をデータで送ったので、それぞれ家で聴いたのかもしれませんね。

拓さんは、「バンド」の歌詞を見て、ずるいと思った、と言っていたんですか。ほんとうにそうですよね。そういう極端なやりかたでしか、身内であるメンバーたちに考えを伝えることができなかったんです。

血で血を洗う、という言い方がありますが、ぼくの場合は、「欠点でしか欠点をおぎなえない」。それだけぎりぎりの、明らかに「ダメだ」という共倒れ寸前まで行ってようやく、バンドを肯定できるポイントを見つけて、それを歌詞に書けて、歌にして表現できるようになった……。

いままで話してきた、クリープハイプを続けるなかで起きたいろんな出来事にしても、器用な人ならもっとうまく対処できていたのかもしれない。でも、ウソはつきたくないし、人を傷つけるような悪いところも、人間だから「どうしてもある」。それを隠して、うまいこと人に認められようとは思わないんです。それでは、自分の表現にはならない……。

そこでほんとうのことを言って「ダメだ」と思われるなら、そのままダメでいいんです。大事な関係を築くのだとしたら、自分のダメなところを愛してもらえるような表現をしなければならないし、他人のダメなところを愛していけるように努力しなければならない。

そんなことがいろいろぐちゃぐちゃになって、「バンド」という曲ができていったんです。

メンバーに対しては、ずっと、「向こうが心を開いてくれない」と思っていました。でも、実際は自分が心を開いていなかったんだとわかっていった。そして、そうやってうまくつながれないという鬱屈《うつくつ》そのものが、『祐介』という小説や、『世界観』のなかの「バンド」という曲として、作品になっていった。ぼくは、ほとんどはじめから、そういう表現ばかりをしてきていたのだと思います。

コンプレックスを音楽にしてきた。声がへんだと言われたら、それも作品にしてきた。文句を言われても、それを曲に組み込んでいく。「バンド」という曲にしても、バンドという関係性に対する「足りないと感じる気持ち」や「心もとなさ」そのものが、作品になっていったと言えるのかもしれません。ダメなところを作品化して、それを愛してもらうというのは、ぼくにとって、それこそがまるごと「表現」なんです。

＊

自分も含め、クリープハイプというバンドの四人は、へんな集まりだと思うんです。十年も付き合っていれば、苛立ちとか、憎しみとか、得体の知れなさまでもが深まってくる。やっぱり、ありかたとして、バンドというかたちは、「許すこと」のなかで生まれるんだろうなと捉えています。

もちろん、「許せないこと」だって表現としては大事で、だからこそ、「焦り」や「怒り」を作品にしてきたわけですが、表現のいちばん大事なところにある「ダメな部分を認めてもらう」には、こちらから「許す」ということができなければならない。最近ではそんなことを考えるようになってきています。

声がへんで、高い。いろいろ変わっている。そういう、ワクからズレた「ダメさ」も認めてもらえば、魅力や表現になる。クリープハイプは、それを続けてきたんです。

二〇一四年から続いたいろんなトラブルは、「バンド」という曲ができたあたりで、一段落したように思います。

二〇一七年、二〇一八年と時間を重ねるにつれて、ライブについてあれこれ否定的なことは言われなくなっていったし、むしろ「うまい」「変わった」と言われるようにもなっていきました。それは、ぼくの声だけでなく、メンバー三人の演奏に対してもそうです。もちろん、拓さんのドラムも良くなった。

それで、二〇一九年のツアーを回っているというのが、いまの状態です。

自分の歌う声についても「変化したこと」は間違いないのですが、いままでは、その変化と付き合っていこうという気持ちなんです。

自分が歌えなくなったことを、二〇一四年や二〇一五年は許せなかった。でも、その後、時間をかけて「許せるようになった」。

いまだに、発狂しそうになるぐらい「できない時」もあるけれど、ネットには「歌がダメだ」とは書かれなくなっていきました。不思議ですね。「それでも、やっていくんだ」と決めたら、書かれなくなったんです。

拓さんのドラムに関しても、まったく、心配はなくなりましたね。

パフォーマンスが良くなったことについて、拓さんとじかに話したこともありました。

二〇一八年、二回目の日本武道館でのライブが終わったあとに打ち上げをしたのですが、その席で。

二回目の日本武道館は、いいライブになったんです。四人全員、それぞれが良かった。その打ち上げの席で、拓さんに言ったんです。

「拓さん、ほんとうに叩けるようになっているし、こんなに……ここまでやってくれて、感謝しています。ありがとう」

するとき、近くにいたカオナシが、いきなり顔をぐっとゆがめて、泣き出した。

「なんで、カオナシが……」

「……いや、ぼく、ずっと気にしていたから」

そう言うんです。

「……ずっと、ふたりのやりとりを見ていて、悲しいと思ったり、どうしようと思ったりしてきたから」

そうふたりに伝えてくれた。

「……バンドが良くなっていることはわかっていたけど、ふたりのことを、そういう言葉でじかに聞けて、ほんとうにうれしいです」

カオナシはそういう人なんです。

小川くんは、その時、このやりとりが聞こえない遠くのほうで飲んでいました(笑)。

ぼくも拓さんも、かなりたいへんだったけれど、カオナシで、ずっとたいへんだったんだなと思いましたね。

許し合ったり、逆に諦めたりすることができるようになった

カオナシからは、ずいぶん前に「学生時代からやっていたバンドをやめた頃に、ずっとひとりでやっていくことに決めた」という話を聞いていました。だから、いつかクリープハイプをやめていくんだろうなと覚悟していたんです。

それもあって、「正式にクリープハイプに入ってもらえないか」とメンバーに誘った時は、あらかじめ、「三年間」と約束していました。

移籍でごたごたしていた頃には、もう約束の時期が過ぎていたから、「カオナシには、三年間という約束で来てもらっていたよね。もう、その時期は過ぎていて、バンドはこんなに悪い状態だし。いまでも、クリープハイプを続けたいと思っている？ それとも、約束通り、やめる……？」と訊いたんです。

「あんな言葉、覚えていたんですか。やめるわけないじゃないですか」

カオナシは、即答しました。これはうれしかったですね。

移籍直後の三枚目のアルバム『一つになれないなら、せめて二つだけでいよう』（二〇一四年）は売り上げが落ちてしまったけれど、四枚目のアルバム『世界観』は、数字も伸びた。そして、さらにポップなものに挑戦した、二〇一八年リリースの五枚目のアルバム『泣きたくなるほど嬉しい日々に』は、売り上げがさらに伸びた。どのアルバムも、クオリティは高い。バンドは、いい状態だと思います。

クリープハイプの調子のバロメーターのひとつになっているのは、「カオナシさんがいい」というほめ言葉だと思っています。不思議なもので、ぼくの調子が悪い時には、むしろ、かばうように「尾崎がいい」と長所を探してくれるようなところがある。でも、最近では、また、カオナシの人気が上がってきています。

「カオナシがいい」と言ってもらえる声が増えて、盛り上がっているのは、「バンド全体が盛り上がっているからだ」と捉えています。すごくいい傾向ですね。

いまのメンバーになって十年という節目をむかえて、バンドの関係性が深まってきた。それは、「絆」とかウソくさいものではなくて、四人それぞれが「ここにいていい」とおたがいに思えるようになった、ということなんじゃないかと感じています。

四人は、幼馴染《おさなな じ》みではない。友だちでさえなかった。商業活動をしているんだから、会社に近いような利害関係もあるけれど、そう割りきってしまえば表現にはならない。バンドというのは、へんな集まりですよね。

歳月を経て、バンドのなかにいることをおたがいに尊敬して許し合えるようになってきている。そして、「この人たちがいるから、うまくいかないこともあるけれど、この人たちがいなければできないことを、やり続けていく」覚悟を決めた。

バンドの状態が良くなかった時期には、「もっとこうしてほしい」と求めてばかりだった。けれど、十年という年月を過ごして、むしろ、許し合ったり、逆に諦めたりすることができるようになった。「信じる」というより、「諦める」ことを通して、つながりができてきたんですよね。それが、バンドの不思議なところだと思っています。

「続ける」というのは、「諦めたり、許したりする部分が増えていく」ということなのかもしれません。

あとがき

この本の中にあるバンドメンバー四人の言葉は、木村俊介さんを通して文字になっている。意図したことがピッタリ一〇〇パーセントで伝わっている部分があれば、六〇パーセントで伝わっている部分だってある。そのうねりが、とても面白い。自分の言葉を他者に委ねるという作業は途方もなく、バンド活動に通ずるものがある。そういった意味で、木村さんは今、クリープハイプの四人以上にクリープハイプだと思う。

委ね、許し許される。音楽には正解がない。だから、最初から音楽には許されてしまっている。あとは、いかにバンドメンバーを許すか。そして、バンドメンバーに許されるか。誰かに委ね、許し許される。その先に仕事があると信じている。

それでも、やっぱりまたズレが生じる。とにかく、ズレがないとやってられない。誰かと誰かが、それでも重なろうとする。その寂しさとか、虚しさとか、滑稽さとかが力強い。だからこそ、誰かに期待せずにはいられない。苛立ちや諦めの正体は期待だ。苛立ち、諦め、迷いながら、これからも四人で鳴らしていきたい。

二〇一九年九月二十四日

尾崎世界観

クリープハイプ

尾崎世界観がフロントマンを務める、小泉拓、長谷川カオナシ、小川幸慈による
4ピースバンド。

2009年、現在のメンバーでの活動をスタート。2012年4月、メジャーデビュー。

最新アルバム『泣きたくなるほど嬉しい日々に』(2018年9月)。

尾崎世界観の著書に『祐介』『苦汁100%』『苦汁200%』(文藝春秋)、

『泣きたくなるほど嬉しい日々に』(KADOKAWA)など。

尾崎世界観は、2019年4月よりTBSラジオ『ACTION』のパーソナリティ(火曜日)を務める。

木村俊介 きむら・しゅんすけ

インタビュアー。1977年、東京都生まれ。
著書に『善き書店員』『インタビュー』(ミシマ社)、聞き書きに
『調理場という戦場』(斉須政雄／幻冬舎文庫)、
『デザインの仕事』(寄藤文平／講談社)などがある。

バンド

2019年10月20日　初版第1刷発行
2019年10月29日　初版第2刷発行

著　者　　クリープハイプ
聞き手　　木村俊介

発行者　　三島邦弘
発行所　　(株)ミシマ社
〒152-0035 東京都目黒区自由が丘2-6-13
電話 (03)3724-5616 ／ FAX (03)3724-5618
e-mail hatena@mishimasha.com
URL http://www.mishimasha.com/
振替 00160-1-372976

装　幀　　寄藤文平・古屋郁美(文平銀座)
写　真　　中山正羅
印刷・製本　(株)シナノ
組　版　　キャップス

 ISBN978-4-909394-27-9